乡村振兴背景下的乡村治理工作研究

高喜元 秦学锋 苏海淼◎著

中国华侨出版社
·北京·

图书在版编目（CIP）数据

乡村振兴背景下的乡村治理工作研究 / 高喜元，秦学锋，苏海淼著. -- 北京：中国华侨出版社，2024.9.
ISBN 978-7-5113-9281-7

Ⅰ. D638

中国国家版本馆 CIP 数据核字第 2024LL5387 号

乡村振兴背景下的乡村治理工作研究

著　　者：高喜元　秦学锋　苏海淼

责任编辑：陈佳懿

封面设计：徐晓薇

开　　本：710mm×1000mm　1/16 开　　印张：12.75　字数：188 千字

印　　刷：北京四海锦诚印刷技术有限公司

版　　次：2025 年 3 月第 1 版

印　　次：2025 年 3 月第 1 次印刷

书　　号：ISBN 978-7-5113-9281-7

定　　价：68.00 元

中国华侨出版社　北京市朝阳区西坝河东里 77 号楼底商 5 号　邮编：100028

发行部：(010) 88893001　　　　传　真：(010) 62707370

如果发现印装质量问题，影响阅读，请与印刷厂联系调换。

前言

在乡村振兴的背景下,乡村治理工作扮演着至关重要的角色。这一工作致力于打造乡村社会新格局,通过优化乡村社会治理体系来缓和社会发展与村民生活需求之间的矛盾,开拓乡村振兴新思路。乡村治理工作的核心在于探索村民自治的新治理模式,这种模式旨在让村民更多地参与乡村事务的管理,增强他们的主人翁意识,同时也增强了乡村社会的凝聚力与稳定性。此外,乡村治理工作还注重推动乡村产业的发展、生态环境的保护和文化的繁荣,这些都是实现乡村振兴战略不可或缺的部分。

在乡村振兴背景下,乡村治理工作不仅关系到村民的切身利益,也影响到整个国家的稳定与发展。因此,我们应高度重视这项工作,充分发挥乡村社会的治理作用,为全面推进乡村振兴提供有力保障。本书首先介绍乡村振兴的内涵及实施要求,阐述乡村治理的原理和乡村振兴与乡村治理的关系。其次,探讨乡村振兴背景下乡村治理的一般路径,包括乡村产业、乡村旅游和乡村文明等方面。最后,研究乡村振兴背景下乡村数字治理的构建,探讨乡村数字治理创新和人才支撑等问题。

本书旨在为读者提供全面、系统的视角来理解乡村振兴背景下的乡村治理工作,为实践提供理论指导。整体来看,本书结构安排合理,逻辑清晰,具有较强的系统性,内容丰富新颖,是一本值得学习研究的著作。

在本书写作过程中,笔者得到了许多专家和学者的帮助与指导,在此表示衷心的感谢。由于笔者的能力有限,加之时间紧迫,书中可能会存在一些疏漏之处,希望读者们能够提出宝贵的意见和建议,以便笔者进一步修订,使其更加完善。

目 录

第一章　乡村振兴内涵及实施要求 ………………………………… 1

第一节　乡村振兴的提出及其要点 …………………………… 1
第二节　乡村振兴的本质及特征 ……………………………… 8
第三节　乡村振兴的理论基础 ………………………………… 14
第四节　乡村振兴实施的总体要求 …………………………… 26

第二章　乡村治理工作的原理阐释 ………………………………… 31

第一节　乡村治理的内涵及构成 ……………………………… 31
第二节　乡村治理体制的演变历程 …………………………… 51
第三节　乡村治理的驱动机制解读 …………………………… 55
第四节　乡村振兴与乡村治理的关系 ………………………… 62

第三章　乡村振兴背景下乡村治理的一般路径探索 …………… 64

第一节　乡村产业发展赋能乡村治理 ………………………… 64
第二节　乡村旅游助推乡村治理 ……………………………… 73
第三节　乡风文明促进乡村治理 ……………………………… 87

第四章　乡村振兴背景下"三治融合"乡村治理研究 ………… 98

第一节　"三治融合"的基本理论阐释 ……………………… 98
第二节　乡村"三治融合"治理的典型案例 ………………… 108
第三节　"三治融合"乡村治理体系的构建 ………………… 113
第四节　"三治融合"治理机制的完善路径 ………………… 119

第五章　乡村振兴背景下乡村数字治理的创新研究 …………… 130

第一节　乡村数字治理的缘起及内涵拓展 ………………… 130
第二节　乡村治理数字化转型的逻辑与取向 ……………… 138
第三节　乡村数字治理的实践路径创新探索 ……………… 145
第四节　多元主体协同参与乡村数字治理 ………………… 149

第六章　乡村振兴背景下乡村治理的人才支撑研究 …………… 161

第一节　新型农业经营主体参与乡村治理 ………………… 161
第二节　乡村精英参与乡村治理优化 ……………………… 175
第三节　新乡贤参与乡村治理的逻辑理路 ………………… 186

参考文献 ……………………………………………………………… 195

第一章　乡村振兴内涵及实施要求

第一节　乡村振兴的提出及其要点

2017年10月18日，中国共产党召开了第十九次全国代表大会。党的十九大报告指出我国正处于一个新的伟大时代，在这个新的伟大时代中我国的社会主要矛盾发生了新的变化。新的社会主要矛盾是党和政府确立主要任务的根本依据。为适应这个社会主要矛盾的变化，党和政府对三农问题提出了一个新的解决思路——乡村振兴战略。

一、乡村振兴战略提出的现实背景

农业农村农民问题是关系国计民生的根本性问题。没有农业农村现代化，就没有国家的现代化。

从1978年算起，2018年是农村改革四十周年，此项改革堪称一场深刻的社会转型，其核心目的在于促进社会生产力的解放与蓬勃发展，同时激发并汇聚社会的创新能力。在以农业为主导的社会体系中，农民是经济活动的主体力量，而集体经济组织则构成了农村社会最基础的经济组织架构。若要解放和发展农村的生产力，以及焕发经济与社会的新生，其首要且根本的任务在于打破那些束缚农民及其集体经济组织的制度性桎梏，从而释放农民和农村集体经济组织的潜能。审视过去四十年农村改革的历程，我们可以清晰地看到，无论是家庭联产承包责任制的推行、村民自治的实践、乡镇企业的兴起、农民进城的鼓励政策、农村税费制度的调整、社会主义新农村建设的倡议，还是当前正深入实施的乡村振兴战略，每一次重大的制度革新均旨在扫除前进的障碍，为农民"松绑"，并推动农村集体经济组织的解放。这些举措有效地激发了农民个体和农村集体经济组织的内在动力，为我国农村经济、社会乃至政治的全面进步注入了强大的活力。

我国农村改革始于20世纪70年代末80年代初的家庭联产承包责任制的改革。改革之前，农村实行人民公社体制，其典型特征是计划经济、"以粮为纲""一大二公""政经合一""三级所有，队为基础"统一核算、集中经营以及城乡分离等，农民及农村集体都被束缚于农业、农村及土地上。农民和农村集体不仅缺乏明晰而稳定的财产权，也丧失经营自主权，严重制约了农民的生产积极性，也制约了农村集体经济的发展。正是在此背景下，出现了联产承包责任制的改革，并由此掀起了波澜壮阔的农村改革大潮。

党的十一届三中全会通过了《中共中央关于加快农业发展若干问题的决定（草案）》，从必须首先调动我国几亿农民的社会主义积极性，必须在经济上充分关心他们的物质利益，在政治上切实保障他们的民主权利这个指导思想出发，提出了加快农业发展的二十五条政策措施，吹响了中国农村改革的号角。1983年的中央1号文件指出，联产承包制是党的领导下我国农民的伟大创造，是马克思主义农业合作化理论在我国实践中的新发展。农民家庭成了相对独立的经营主体，不必再实行集体统一核算和统一分配，为普遍实行以家庭承包经营为基础、统分结合的双层经营体制奠定了基础。1984年元旦发出的中央1号文件，提出了三大重要政策：一是土地承包期延长至15年以上；二是鼓励耕地向种田能手集中；三是要求各地开展试点，允许务工、经商、办服务业的农民自理口粮到集镇落户。这个文件强调：随着农村分工分业的发展，将有越来越多的人脱离耕地经营，从事林、牧、渔业等生产，并将有较大部分转入小工业和小集镇服务业。这是一个必然的历史性进步，可为农业生产向深度广度进军，为改变人口和工业的布局创造条件。可见，从那时起，党中央就把深化和拓展农村改革，定位在实现农民富裕、国家富强和四个现代化这样一个关系到党和国家前途、命运的宏伟目标上。然而随着几亿农民所关心的问题逐步解决，家庭联产承包责任制已难以适应时代进步的要求。尤其是改革开放之后，农村生产力得到空前解放，农村各项事业都获得了飞速发展，这个时候社会主义新农村建设的变革应运而生。

党的十六大以后，中央多次提出，解决三农问题是全党工作的重中之重，坚持"多予少取放活"的方针，实施工业反哺农业，城市支持农村，在巩固和完善农村基本经营制度的基础上，确定了统筹城乡经济社会发展，实施城乡一体化战略，建设社会主义新农村。2003年，中国的粮食安全问题和三农问题受到了前所未有的关注。2005年10月，党的十六届五中全会通过的《"十一五"规划纲要建议》提出，要按照"生产发展、生活宽裕、乡风文明、村容整洁、管理民主"的要求，扎实推进社会主义新农村建设，从而开启了以工补农、以城带乡的新篇章。建设社会主义新农村，是贯彻落实科学发展观的重大举措，保证了占人口大多数的农民参与发展进程、共享发展成果；较好地处理了工农城乡关系，把农村发展纳入整个现代化进程中，使社会主义新农村建设与工业化、城镇化同步推进；加快农村经济发展，增加农民收入，使亿万农民的潜在购买意愿转化为巨大的现实消费需求，拉动整个经济的持续增长，但劳力缺失、重工轻农、观念落后等问题都促使着新的农村改革的出现。

2008年，在农村改革三十周年之际，党的十七届三中全会通过的《关于推进农村改革发展若干重大问题的决定》指出，农村改革发展的伟大实践，极大调动了亿万农民积极性，极大解放和发展了农村社会生产力，极大改善了广大农民物质文化生活。更为重要的是，农村改革发展的伟大实践，为建立和完善我国社会主义初级阶段基本经济制度和社会主义市场经济体制进行了创造性探索，为实现人民生活从温饱不足到总体小康的历史性跨越、推进社会主义现代化做出了巨大贡献，为战胜各种困难和风险、保持社会大局稳定奠定了坚实的基础，为成功开辟中国特色社会主义道路、形成中国特色社会主义理论体系积累了宝贵经验。

2010年10月召开的党的十七届五中全会，确定了"十二五"时期我国经济社会发展的指导思想、总体思路、目标任务和重大举措，明确提出了"在工业化、城镇化深入发展中同步推进农业现代化"的重大任务。这是我们党继"重中之重"统筹城乡发展、工业反哺农业、城市支持农村、多予少取放活等关于"三农"工作一系列重大战略思想之后，针对构建新型工农、城乡关系做出的又一重大理论创新，对于指导和推进农业和农村经济科学发展具有重大意义。

党的十八大以来，我国农业农村发展取得了历史性成就，农民的生产生活发生了显著变化，农村成为更加美丽宜居的生产生活新空间。在以习近平同志为核心的党中央坚强领导下，我们坚持把解决好三农问题作为全党工作的重中之重，切实把农业农村优先发展落到实处；坚持立足国内保证自给的方针，牢牢把握国家粮食安全的主动权；坚持不断深化农村改革，激发农村发展新活力；坚持把推进农业供给侧结构性改革作为主线，加快提高农业供给质量；坚持绿色生态导向，推动农业农村可持续发展；坚持在发展中保障和改善民生，让广大农民有更多获得感；坚持遵循乡村发展规律，扎实推进生态宜居的美丽乡村建设；坚持加强和改善党对农村工作的领导，为三农发展提供坚强的政治保障。粮食生产能力跨上新台阶，农业供给侧结构性改革迈出新步伐，农业综合生产能力明显增强，农民收入持续增长，农村民生全面改善，脱贫攻坚战取得决定性进展，农村生态文明建设显著加强，农民获得感显著提升，农村社会稳定和谐。农业农村发展取得的重大成就和三农工作积累的丰富经验，为实施乡村振兴战略奠定了良好基础。

同时，也应当清醒地看到，当前我国农业农村基础差、底子薄、发展滞后的状况尚未根本改变，经济社会发展中最明显的短板仍然在三农，现代化建设中最薄弱的环节仍然是农业农村。主要表现在：农产品阶段性供过于求和供给不足并存，农村一、二、三产业融合发展深度不够，农业供给质量和效益亟待提高；农民适应生产力发展和市场竞争的能力不足，农村人才匮乏；农村基础设施建设仍然滞后，农村环境和生态问题比较突出，乡村发展整体水平亟待提升；农村民生领域欠账较多，城乡基本公共服务和收入水平差距仍然较大，脱贫攻坚任务依然艰巨；国家支农体系相对薄弱，农村金融改革任务繁重，城乡之间要素合理流动机制亟待健全；农村基层基础工作存在薄弱环节，乡村治理体系和治理能力亟待强化。

党的十九大报告中指出，"农业农村农民问题是关系国计民生的根本性问题，必须始终把解决好三农问题作为全党工作的重中之重。要坚持农业农村优先发展，按照产业兴旺、生态宜居、乡风文明、治理有效、生活富裕的总要求，建立健全城乡融合发展体制机制和政策体系，加快推进农业农村现代化"。[①] 实施乡村振兴战略，是以习近平同志为核心的党中央在深刻把握我国现实国情农情，深刻认识我国城乡关系变化特征和现代化建设规律的基础上，着眼于党和国家事业

---

① 习近平. 决胜全面建成小康社会 夺取新时代中国特色社会主义伟大胜利——在中国共产党第十九次全国代表大会上的报告 [M]. 北京：人民出版社，2017：18.

全局，着眼于实现"两个一百年"的奋斗目标和补齐农业农村短板的问题导向，对三农工作做出的重大战略部署、提出的新的目标要求，必将在我国农业农村发展乃至现代化进程中写下划时代的一笔。

在党中央和政府的不懈努力之下，我国农业、农村和农民的发展取得了瞩目的成就。第一，在农业发展方式上，转变以往落后的生产方式，采用先进的技术手段，保证农产品的质量和数量，许多高质量、有代表性的农产品享誉全球。第二，在农业产业结构方面，变单一的农作物生产为以农作物为主、多样化的经济作物为辅的农产品生产，农民获得多样化的农业性收入。第三，在农村建设方面，新农村建设取得重大进展，农民物质生活更加富裕，精神生活更加丰富多彩，美丽乡村建设获得了新的发展经验。

但是，受到经济因素和观念因素的影响，我国农村、农业和农民的发展仍存在众多亟待解决的问题。第一，农业生产方式仍显落后，土地利用效率不高，与自然资源之间的矛盾依然突出。第二，农业的产业化经营优势仍有不足，存在产业经营管理方式落后、产业经营机制单一等问题。第三，农民收入增长动力不足，区域之间收入差异仍然存在。第四，农村老龄化问题、留守儿童问题、农村空心化问题仍然是亟待解决的问题。第五，农村建设虽取得重大进展，但有些不合时代发展要求的观念如何跟上不断变化的现实仍然是一个重大问题。

二、乡村振兴的科学内涵

乡村振兴战略是关乎我国现代化建设的大战略，是一项长期的历史性任务，我们要坚定不移地贯彻实施。但有些问题值得我们重视，要意识到乡村的复杂性、趋势性和规律性，否则就会影响战略实施效果。

（一）乡村振兴是一项长期的、系统的工程

党的十九大召开后，各地积极响应号召，纷纷召开"动员会""誓师会""宣讲会"，为乡村振兴营造了极佳的思想氛围。但我们要清醒认识到乡村振兴工作的长期性、艰巨性和复杂性，不能简单理解成乡村振兴运动。不是短时期就要完成、就能完成的，不能有一蹴而就的行政化思维。日本农村振兴运动经历了三

个阶段,即1946—1960年的粮食增产期、1961—1975年的经济高速增长期和70年代末至80年代的经济稳定增长及新发展期,整个农村振兴历经近40年;① 从1970年到21世纪初,韩国的"新村运动"也长达30余年。② 2017年中央农村工作会议清晰划定了乡村振兴战略的时间表和路线图,我国实现乡村全面振兴要经过32年的积累发展,与日韩的农村发展周期基本一致。乡村振兴是一项复杂的系统工程,涉及农村基本经营制度、现代产业体系等,首要任务是建立起乡村振兴战略的灵活机制和政策框架体系,明确乡村振兴的战略目标、战略要求、战略方针、战略路径、战略步骤、战略措施等;然后进一步理顺城乡融合互动体制机制,完善基础设施配套,消除制约城乡要素流动的藩篱;最后,建立起完善的乡村振兴的体制机制和政策体系,彻底解决城乡鸿沟问题。

(二) 遵循乡村发展的内在规律

在实施乡村振兴战略时,应基于实际情况,秉持实事求是的原则进行推进。对于经济基础雄厚的地区,可适度加快振兴步伐;而对于经济基础相对薄弱的地区,则需要结合当地实际,采取稳健的发展策略,避免盲目求快,防范出现冒进行为。在乡村振兴战略中,产业的繁荣不仅是基础,更是重中之重。它为实现农民的经济繁荣提供了坚实的物质基础,是确保农民走向富裕生活的有力保障。

从目前来看,要全方位、多元化增强农业农村经济发展活力,发达国家通过生产条件改造、金融扶持等综合性手段振兴农村,2014年的美国新农业法案依然不忘支持农村经济和社区发展项目,将商业贷款和资助项目纳入统一的商业支持平台。③ 从目前来看,就是要以推进农业供给侧结构性改革,支撑和培育农业农村新动能发展,提高农业综合效益和竞争力。以行政区域和地方特色产品为基础,把资源优势转化成产业优势和经济优势。以农村现存的有形、无形资源为基

---

① 谭海燕. 日本农村振兴运动对我国新农村建设的启示 [J]. 安徽农业大学学报, 2014 (5): 25~28+92.
② 杨兴乾, 杨子平. 韩国振兴农村的历史及对我国的启示 [J]. 西北师大学报, 2008 (11): 144~148.
③ 王月荣, 张秀珍. 美国 2014 年新农业法案的特点、影响及其启示 [J]. 世界农业, 2014 (7): 67~69+99.

础,将农产品生产、制作、加工以及流通、销售、文化、体验、观光等要素与业态有效结合,增加产品附加值,让农民更好地获得增值收益。在以往的新农村建设中,部分地区违背建设规律,更注重于人居环境和村容村貌的改进,本末倒置。缺乏经济基础和产业发展的农村建设不可持续,即使新建了一批光鲜亮丽的楼宇和绿化工程,只能发挥有限的功能。我们应该看到,在工业化、信息化、城镇化的背景下,违背乡村发展规律的成本和代价更加高昂,违背农村建设规律的代价不仅仅是简单的利益与经济问题,更是引发农村干群社会矛盾的直接导火索。既要尽力而为,又要量力而行,更要注重质量、从容建设,有一定的耐心。

(三) 充分体现不同地方的乡土风格特色

我国地域辽阔,东西部农村经济社会差异较大,振兴乡村方式方法也不同。针对不同产业和区域农业发展的重大科技问题与制约瓶颈,重点谋划和部署一批产业振兴项目,探索不同产业和区域农业关键问题的优化解决方案,建立科学、规范、可复制、可推广的综合技术生产模式,支撑产业增产增效,带动区域农业绿色持续发展。既可以有依靠特色农产品、手工艺品的"一村一品"模式,比如实现特色资源价值化,寻找农村特色资源并开发壮大,其核心在于寻找特色、开发特色并将其转化为产业价值;也可以有农业庄园、休闲农业的带动模式,以景观文化为主线条,依托农田、山林、建筑、河湖等风光吸引游客,集资源利用、生态保护和旅游观光于一体,带动农民就业增收,促进农村经济发展。无论用什么样的发展方式,都必须按照乡村振兴的总要求,只有建立在乡村价值结构体系基础上的方式才能事半功倍,离开乡村固有结构体系创造一个新的体系不太现实。

(四) 培育壮大乡村经济活力

有些村庄拥有红色资源,可以保护和弘扬红色村庄文化资源,传承好红色基因,推动社会主义文化繁荣兴盛;有些村庄处于高寒冷凉、无污染的气候环境地带,这是培育有机农业的天然母体;有些少数民族村庄具备生产优质农产品条件,可以把有机农产品与民族传统文化有机结合,展示人与自然相融共处的和谐之美;有些村庄毗邻城乡接合部,可以借助城市辐射做劳务输出、服务经营。但从上述村庄类型来看,都是具有一定发展要素资源的村庄。搞活一部分村庄的经济活力是必要的,也是可行的。当然在发展乡村经济中,一定要摆脱"荷兰病",尤其是以往那些矿产资源丰富的村庄现如今大多走向衰败。

(五)正视部分村庄消失的不可避免性

随着我国在2005年前后进入工业化中期阶段,城镇化带动农村劳动力转移就业的作用越来越突出。根据世界城镇化发展的普遍规律,我国仍处于城镇化率30%~70%的快速发展区间[①],现在城镇化率每年以一个百分点的速度在提高。随着中青年农业劳动力转移到城镇并定居,就会形成农村空心化。所以,我们要看到一些自然村被整合,是符合村庄自身发展规律的,发达国家也经历了这一过程。但中央一再强调,拆迁农村居民点或者撤并村庄,必须是在尊重农民意愿的前提下,不得以退出宅基地使用权作为农民进城落户的前提条件。一些地方的农民"被上楼",就是简单化地理解了乡村振兴的实质。我们要认识到部分村庄撤并消失的趋势性和不可避免性,只能适当引导,不能人为加速这一进程,否则会造成适得其反的社会经济后果。

第二节 乡村振兴的本质及特征

一、乡村振兴的概念及本质

(一)乡村振兴的概念理解

乡村是农民集聚定居的空间形态,是农民进行生产生活的聚集地,同时也是农村经济社会发展的基本载体。

---

① 《国家新型城镇化规划(2014—2020年)》。

1. 对"乡村振兴"概念的相关表述

下面，分别从过程和状态两个层面对"乡村振兴"概念进行表述。

过程层面：乡村振兴依托乡村多维空间形态，遵循乡村发展客观规律，农民群众主动建设，社会各界共同参与，注重自然与社会的和谐共生，是不断加强乡村经济、政治、文化、社会和生态建设的过程。

状态层面：乡村振兴通过不断满足人们对乡村生活质量的更高需求，不断实现乡村发展的预期建设目标，最终达到全方位现代化的乡村发展状态。乡村振兴既是当代中国乡村发展的过程，又是乡村发展的目标和未来状态。这一定义不仅涵盖了乡村振兴的目标，也涵盖了乡村振兴的过程。乡村振兴概念是乡村发展目标与过程的统一，尊重乡村历史发展过程，是当代乡村发展实际和国家乡村发展战略的高度统一。

乡村振兴是基于我国基本国情、社会经济发展特点和乡村发展体系的特征提出的，其核心要义是把三农问题作为乡村全面振兴发展的根本性问题。新时代推进乡村全面发展需要从培育特色产业、特色生态和特色文化做起，促进农业、农民持续协调发展，为广大乡村居民创造优美便捷的工作环境与生活环境。为此，着力培育和打造具有地方特色的美丽田园乡村，是乡村振兴的重要抓手。

2. 理解"乡村振兴"概念的不同维度

乡村振兴涉及乡村治理、产业发展、文化保护与传承、生态保护、乡村建设和文化建设等多个领域，各领域之间互为依托、共同发展，应从系统论视角寻求乡村振兴的治理优化策略。乡村振兴离不开产业的发展、文化旅游的繁荣、文化的复兴、人气的集聚，以及完善的基础建设和正确的开发方向等，只有各领域、各层次、各环节均衡有序地发展，乡村才能有活力、有动力、有人气，才能真正实现振兴。

从结构构成维度来看，乡村振兴可分为乡村产业振兴、乡村人才振兴、乡村文化振兴、乡村组织振兴和乡村生态振兴五个方面，这五个方面既是乡村振兴的主要组成部分，也是乡村振兴的主要实施路径。其中，产业振兴是基础、人才振兴是关键、文化振兴是保障、组织振兴是保证、生态振兴是支撑。这五个方面的内容与乡村振兴的总体要求（产业兴旺、生态宜居、乡风文明、治理有效、生活富裕）互为表里，是一个包含农业生产、农村生活、农村生态的复合系统。

从时间发展维度来看，乡村振兴可划分为初级目标乡村振兴、中级目标乡村振兴和高级目标乡村振兴，分别对应乡村振兴的不同发展阶段。初级发展阶段的目标是乡村振兴取得重要进展，包括构建乡村振兴战略的体制机制，乡村文明、社会治理、产业发展等成效初步显现；中级发展阶段的目标是乡村振兴取得决定性进展，包括乡村振兴战略体制机制进一步理顺，劳动力、土地、资本、技术、信息等生产要素在城乡流动中的障碍全面消除；高级发展阶段的目标是乡村实现全面振兴，乡村振兴的体制机制和政策相当完善，城乡之间实现良性互动并相互促进，三农问题得到根本解决。

从空间变化维度来看，可将乡村振兴视为乡村层次、区县层次、省区层次和国家层次的乡村振兴，不同层次的主体角色及重点任务有所不同，不同区域的具体建设内容也会因为资源禀赋和文化特色方面的差异而各有侧重。

（二）乡村振兴的本质分析

"实施乡村振兴战略，是我国在推进城乡融合发展，新型城镇化进程，构建现代农业体系中历史逻辑、实践逻辑、发展逻辑的必然选择。"[①] 乡村振兴的本质包含以下内容。

1. 乡村经济振兴

乡村经济振兴是乡村振兴的物质基础。只有经济得到发展，乡村的物质生活水平以及物质生产能力才能真正得到提高，同时影响和带动乡村政治、乡村社会、乡村文化、乡村生态乃至整个乡村振兴的发展。乡村产业振兴的发展过程，也是乡村产业兴旺的实现过程，是乡村经济发展的必由之路。乡村经济振兴的本质是优化乡村产业结构，提高乡村产业科技含量，推动乡村产业融合创新。

2. 乡村政治振兴

乡村政治振兴是乡村振兴的可靠保障。乡村政治振兴有利于调动人民群众的创造性与主动性，提高乡村居民的参与意识，完善健全乡村德治与法治。在乡村

[①] 马义琳，潘明辉. 新时代实施乡村振兴战略的路径思考 [J]. 当代农村财经，2021 (3)：2-8.

经济社会发展过程中，乡村民主政治必须适应人民群众参与政治的诉求，建立人民群众愿意参加、可以信任的乡村各级组织，包括乡村基层政权、乡村基层党组织等，发挥村级党组织在群众中的桥头堡和主心骨作用，大力加强农村的道德建设、法治建设、诚信建设和公共服务体系建设，进一步改善农村公共服务环境，完善服务设施，提升服务质量，提高组织凝聚力，完善各级乡村组织的职能，为乡村有效治理奠定组织基础。

3. 乡村社会振兴

乡村社会振兴的关键是乡村人才振兴。通过乡村人才振兴，可以汇聚足够的人才资源，有助于推动乡村振兴的发展。一方面，实施乡村人才振兴可以引进和培养愿意在农村扎根、热爱农业和农村的城市人才，促进乡村社会发展。另一方面，把城市人才积累的经验、技术、资金及管理等带到乡村，能够造福乡村，激发乡村发展的内在活力。

乡村社会振兴通过建立健全乡村社会管理和社会保障体制机制，是乡村社会和谐安定、长治久安的重要保障。

4. 乡村文化振兴

乡村文化振兴是乡村振兴的保障。实现乡风文明主要依靠文化振兴，应重视乡村振兴中的文化传承，突出乡村特色，保留乡村的传统美和特质美。要把依山傍水、小桥人家、青砖黛瓦作为乡村特色文化的一部分，把乡村文化铭刻在乡村发展理念中。

同时，文化繁荣可以为乡村经济社会发展提供精神动力和智力支持，良好的科学文化素养、崇高的理想信念和道德情操，有助于乡村文化创造活力的充分释放，能够推动文化创新成果的不断涌现，并最终反馈到乡村发展的实践中。

5. 乡村生态振兴

通过生态振兴，实现生态宜居的总目标。一方面，绿水青山就是金山银山，解释了生态发展与经济发展的紧密联系。另一方面，绿水青山也是生存之山，栖息之山，是人类生存的基础。只有重视生态保护，将人与自然的和谐发展作为乡村振兴发展的前提和基础，才能真正实现乡村振兴发展的宏伟蓝图。只有农民群众的生态意识增强了，乡村生态振兴才能有坚实的群众基础。生态振兴就是要把生态文明建设作为乡村振兴的重中之重，高度重视农村人居环境建设，切实加强领导，科学规划，精心组织，加强农村基础设施建设和环境整治。

从农业现代化到农业农村现代化，三农工作的重心由经济发展拓展到经济、政治、文化、社会、生态各领域的协同发展，突出体现了"五位一体"的系统发展思路。乡村振兴不仅是经济的振兴，也是组织的振兴、文化的振兴、社会的振兴、生态的振兴。乡村振兴的本质在于强调农业农村优先发展，并以工业化为引领、城镇化为动力、农业现代化为支撑，是新型工业化、城镇化、信息化、农业现代化"四化融合"基础上的农业农村优先发展。

二、乡村振兴的特征表现

乡村振兴涉及资源、经济、文化、自然等乡村发展的多方面内容，是一个经济、社会、人口、空间和环境等协同发展的动态过程。乡村振兴是乡村生产、生活、生态全方位的发展，它的具体特征主要有以下方面。

（一）科学性

乡村振兴属于系统科学的范畴，具有科学性。

一方面，乡村振兴立足于中国乡村发展的实际，遵循乡村发展的客观规律，充分考虑乡村的自然条件与先天禀赋，因地制宜，循序渐进，不能违背科学性原则，盲目开展乡村建设。

另一方面，乡村振兴不仅是一个村镇建设的问题，更是一个融合农业、农村、农民三个层面共同发展的问题，也是一个城乡融合和人与自然和谐发展的问题。

由此可见，乡村振兴不仅是乡村经济建设，更是囊括了乡村经济、社会、政治、生态、科技、教育、文化、交通等多个方面的整体发展战略，必须从系统论思想出发，在完备的科学体系指导下方能完成。

（二）层次性

乡村振兴是立足现有基础和条件下的全方位、多层次、宽领域的乡村发展过程，因此乡村振兴应坚持系统思维。系统是诸多要素以特定结构形成一定功能和层次的有机整体，现代系统论从整体与部分出发，以整体为核心兼顾要素，提出整体发展是要素、层次、结构、功能和环境共同作用的结果。乡村振兴主要针对农村、农民、农业三大主体的发展问题，应紧密围绕乡村发展系统的结构特征和功能需求，逐层开展乡村振兴工作。可见，分层次是乡村振兴工作的客观要求，从功能实现角度来看，可将乡村振兴工作划分为三个阶段，即浅层功能阶段、中层功能阶段和深层功能阶段。

（三）动态性

乡村振兴是一个过程，是长期演变的结果，具有动态性。"乡村"的概念和内涵本身是随时代的变化而不断演变的，"乡村"这一名词本身就带有发展的动态性。乡村振兴作为新时期农村发展的新阶段，必须与时俱进地反映时代特征。每个时期乡村发展的状态不是一成不变的，它随着乡村社会的发展而发展，所以乡村发展过程中要解放思想，把握时代发展的脉搏，立足当下，不断创新。

（四）经济性

乡村振兴发展的原始动力来自乡村经济发展的需求，因此乡村振兴具有经济性。经济性是乡村发展必不可少的特性，没有经济特性的乡村振兴不是完整意义上的振兴。作为推进农村经济社会全面发展的一项国家战略，乡村振兴必须以强大的农村经济为后盾。而乡村产业振兴，一方面为乡村经济发展提供了动力，另一方面为乡村经济发展质量和可持续性提供保证。

（五）逻辑性

乡村振兴是现代乡村发展理论指导乡村发展实践的有序活动，需要遵循严格的逻辑框架，是具有逻辑性的实践行为，乡村振兴实践需要科学把握逻辑起点和逻辑思路。

通过对乡村振兴理论的剖析，相关理论可概括为以下三个部分。

一是与乡村振兴相关的观点和假设，这是乡村振兴的逻辑起点，它决定了乡村振兴的基本价值取向。

二是乡村振兴的基本理论基础，它是指导乡村振兴实践的基础和理论指导，同时也是乡村振兴可行性的关键。

三是乡村振兴的具体实践，也是乡村振兴的实际落脚点。从乡村振兴的理论与逻辑分析，到乡村振兴的具体实践，是乡村发展实现"质"的飞跃的必由之路。

（六）实践性

乡村振兴是一项实实在在的系统工程，不能只停留在理论研究的层面，实践性是乡村振兴的本质特征之一。乡村振兴是一项需要全社会参与的社会活动，不是自发的自然现象。同时，乡村振兴需要科学的理论指导，需要建立在对乡村振兴理性认识的基础之上，并需要经过实践的检验。

从某种意义上来说，乡村振兴理论的目的和价值依赖于乡村振兴实践的成败，没有实践的推动，乡村振兴理论不能得到验证和丰富；没有实践的推动，乡村振兴便失去了过程性，只能始终停留在一种预期状态，也就失去了存在的意义。

第三节　乡村振兴的理论基础

乡村振兴战略既涉及农村"五位一体"[①]建设，又关系到城乡关系重构和我国经济社会发展全局，所涵盖内容颇为宏大和丰富。本节拟从区域发展、产业经济、组织制度、生态环境、社会文化五大视角，梳理与农业农村发展相关的基础理论和思想，为乡村振兴提供理论借鉴和支撑。

[①] "五位一体"总体布局是指经济建设、政治建设、文化建设、社会建设和生态文明建设五位一体，全面推进。

一、基于区域发展视角的理论基础

（一）城乡二元经济结构理论

二元经济结构理论是发展经济学的奠基性理论之一。"二元经济"的概念最早由荷兰经济学家伯克（J. H. Boeck）于 1933 年提出。此后以刘易斯（Lewis W. A.）、拉尼斯（Ranise G.）、费景汉（Fei C. H.）、乔根森（Jorgenson D. W.）和托达罗（Todaro M. P.）等为代表的发展经济学家持续深化二元理论、丰富发展模式研究，使二元经济结构理论成为许多发展中国家和地区处理城乡关系、推动经济社会发展的重要实践指导理论。

该理论认为，世界不发达国家和地区普遍存在两种经济结构，即以小农生产为主、劳动生产率较低的农业部门和以社会化大生产为主、劳动生产率较高的工业部门，二元性是发展中必然存在的实现乡村振兴的理论、政策与实践研究现象。两个部门不同的劳动生产率和工资率以及无限劳动供给，使农村劳动力、农业剩余不断地补贴工业化，从而产生二元结构。同时，城乡二元经济结构也存在转换的内在机制。随着工业化和城镇化进程加快，生产力逐步提高，农村剩余劳动力持续向城市转移，城乡劳动生产率、工资率等差异逐步缩小，人口流动速度放慢，"二元经济"会逐步趋向"一元经济"。

城乡二元结构理论开辟了经济发展研究的一个新视角和新思路。这一理论把区域经济增长与工业化进程、劳动力转移、资本积累、技术进步等紧密结合在一起分析，认为它们都处于同一系统框架和历史进程中，并且指出尽管工业部门和农业部门生产率增速在不同时期会有差异，但必须保证两者均衡增长。该理论是我国新型城镇化战略、乡村振兴战略的重要理论基础之一。

（二）区域经济理论

区域经济理论是研究人类经济行为的空间区位选择及空间区内经济活动优化组合的理论，最早的雏形是区位理论。1826 年，德国经济学家杜能（Johann Heinrich von Thünen）在其代表著作《孤立国》中提出了农业区位理论。他认为农业生产用地到农产品消费地（市场）的距离及其产生的运费是决定农业空间布局和农地集约化利用程度的重要因素。之后出现了韦伯（Alfred Weber）的工业区位论、克里斯塔勒（W. Christaller）的中心地理论和廖什（A. Liisch）的市场区位论等。韦伯（1909）在工业区位论中强调，企业进行区位选择主要基于运输、劳动力和集聚三大因素，克里斯塔勒（1933）引入了市场因素，廖什（1940）则在考虑市场区位和产业区位的同时，从利润最大化角度考虑区位问题。区位理论作为区域经济理论的前身，重在研究微观经济主体选址问题。20世纪50年代以后，逐步延伸至宏观领域，重点研究生产力空间布局和区域发展问题。缪尔达尔（Gunnar Myrdal）的"循环积累因果理论"、赫希曼（A. O. Hirschman）的"核心—边缘理论"、弗里德曼（John Friedman）的"中心边缘理论"乃至克鲁格曼（Paul R. Krugman）的"新经济地理理论"等形成了现代区域经济理论，致力于解决区域发展不平衡问题。

区域经济理论为优化城乡生产力布局、促进城乡平衡发展提供了理论基础。基于土地资源不可移动、不可增加的特点，乡村振兴战略下的乡村发展规划需要跳出三农看三农，不仅要考虑农业自身的特性和需求，更要将农业和第二、第三产业以及城市和乡村、核心和边缘纳入"一盘棋"统筹考虑。根据不同区位条件，科学划分乡村类型，合理布局生产力，以促进城乡"缩差共富"、协调发展。

（三）经济增长理论

经济增长是区域发展的核心内容，经济增长理论也是经济学的核心理论之一，重在研究经济增长的一般规律和影响因素。经济增长理论丰富而系统，学界通常将其分成以下三类。

第一类是古典经济学的经济增长理论。亚当·斯密（Adam Smith）认为分工是促进经济增长的重要因素，同时也强调土地资源、劳动力和资本的影响作用。李嘉图（David Rican）则从收入分配的视角，提出资本积累是经济不断增长的重要保障。1940年前后，经济学家哈罗德（Roy Forbes Harrod）和多马（Evsey D. Domar）构建了哈罗德—多马模型，认为资本是决定经济增长的唯一要素。

第二类是新古典经济增长理论。以索洛（Robert Merton Solow）为代表的新古典学派通过大量实证研究发现，从长期来看，技术进步才是经济增长的源泉，但前提是假定市场是自由的，能够自发实现充分就业。理想化的假设使该研究模型局限性较大。

第三类是乡村振兴的理论、政策与实践研究新经济增长理论。20 世纪 80 年代以来，罗默（Paul M. Romer）、卢卡斯（Robert Lucas）、巴罗（Robert J. Barro）等经济学家致力于完全竞争假设条件下的经济增长研究，并形成了新经济增长理论。该理论的核心特点是研究方法的标准化、主流化，在研究成果方面，则发掘了知识积累、人力资本、组织制度、创新等对经济增长的重要作用。

促进乡村经济增长同样是乡村振兴的核心内容。尽管传统农业不能够对经济增长做出重要贡献，但我国正在加快发展现代农业，努力促进农村第一、第二、第三产业融合，使乡村经济体系日渐丰富完善。因此，借鉴经济增长理论，增加资本、劳动、技术等生产要素投入，提升乡村人力资本水平，完善农业农村组织制度，激发下乡返乡群体的企业家精神，有利于实现乡村经济可持续、包容性增长。

二、基于产业经济视角的理论基础

（一）农业多功能性理论

众所周知，农业具有较强的公共产品属性和外部经济性。农业多功能性的提出就是源自对其外部经济性的探讨。20 世纪 80 年代末，日本在其推出的"稻米文化"中最早提及农业多功能性，随后在世界范围内得到较为普遍的认同；1992 年的联合国环境与发展大会和 1996 年的世界粮食首脑会议出台的相关国际文件，均对农业多功能性理论予以了肯定和利用；90 年代末，欧盟提出的"欧盟农业模式"也是以此为核心理论基础。该理论认为，农业在国民经济发展中的地位和作用会随着国家生产力的提升而不断变化。农业的功能也不断拓展。农业经济阶段，农业的主要功能是提供充足的农产品以满足生存需要；工业经济阶段，主要体现保障食品安全、供给工业原材料、提供剩余劳动力、保护环境等功能；后工业经济阶段，则在之前的基础上，更加强调发挥农业生产活动在文化传承、生态环境保护和利用、康养旅游等服务方面的功能。

农业多功能性理论重点探讨了不同发展阶段下农业的定位和功能价值，为农业支持保护政策、农村发展政策、农产品贸易政策等的制定提供了理论支撑。当前，我国农业综合生产力迈上了新的台阶，国内经济已从高速增长步入高质量发展阶段。在农业基础性地位不变的大前提下，为满足人们对高品质生活的需求，促进农民持续增收、农村繁荣发展，我国农业功能逐步向生态、文化、旅游等领域拓展，农业也开始从产品经济向服务经济转变。因此，更需要进一步丰富农业多功能性理论，并从理论中挖掘功能拓展方向、发挥路径、制度保障等方面的有益启示。

（二）六次产业理论

三次产业分类法依据物质生产中加工对象的差异性，把社会再生产过程划分为三类，该方法最早由新西兰经济学家费歇尔（Fisher）提出，至今仍是各国普遍采用的经济统计核算方法。随着信息技术的发展，社会再生产活动更加丰富。20世纪90年代，日本学者今村奈良臣基于当时日本农业农村发展困境，提出了六次产业理论。自21世纪以来，日本政府以此为基础，自上而下成立了"六次产业化"战略推进机构，相继制定出台了一系列促进"六次产业化"的法律法规和纲要文件，有效地优化了农村产业结构，提高了农民生活质量，实现了农业农村可持续发展。六次产业理论是依据劳动对象和产业任务的不同，将国民经济划分为六次产业，即生产并获取自然资源的第一产业，加工自然资源以及对产成品进行再加工的第二产业，为其他产业及社会生活提供服务的第三产业，对信息知识进行生产加工和服务的第四产业，获取并利用文化资源开展创意经济活动的第五产业，传统农业向第二、第三产业延伸形成的第六产业。

三次产业划分向六次产业划分的转变，其实是技术进步背后思想观念的突破，也是创新经济学对传统主流经济学的突破。六次产业理论的思想本质是第一、第二、第三产业融合，以农业为基础，打破产业的边界藩篱，综合运用科技、管理、创新等生产要素，充分开发农业的多重功能和提升其价值，以提升产业附加值和经济效益。六次产业理论为解决当前我国农业农村发展问题提供了一个新的视角和方法，具有较强的实践指导意义。

三、基于组织制度视角的理论基础

（一）合作经济理论

合作经济不同于经济合作，后者是以物质利益内容为主的合作，既包括经济组织内部的合作，也包括超过组织界限的以实现经济利益为目的的社会合作。前者则是以后者为基础，在19世纪初的西欧逐渐兴起、为改变生产生活条件而联合建立的一种经济组织。合作经济理论是以罗虚代尔公平先锋社（The Rochdale Equitable Pioneers Society）的合作经济组织原则为基础发展起来的。1934年，国际合作社联盟正式将合作社原则归纳为七条，称之为"罗虚代尔原则"：①入社自由；②民主管理（一人一票）；③按交易额分配盈余；④限制股本利息；⑤政治和宗教信仰中立；⑥实行现金交易；⑦促进社员教育。随着经济社会发展，合作社原则不断调整和完善，但"自由联合、民主管理、平等公平、团结互助"仍然是其核心价值。

通常认为，西方合作经济组织理论发展大致分为四个阶段：第一阶段是20世纪40年代，以空想社会主义为主的早期经济合作思想；第二阶段是20世纪40—80年代，运用新古典经济学的均衡分析方法和边际分析方法，重点研究农业合作社的发展模式、内部资源配置以及产权控制问题；第三阶段是20世纪80—90年代，运用博弈论、企业行为理论、交易成本理论等新的经济理论方法，重点研究合作社的发展动因、发展战略、制度变迁等问题；第四阶段是20世纪90年代以来，引入产权安排、代理成本、契约理论等新制度经济学的理论方法，着力于合作经济组织的生产消费、组织联盟、治理结构、可持续发展等问题研究。

反观国内，合作经济组织越来越聚焦于农业农村领域。20世纪初，北京大学消费合作社的成立开启了我国合作经济理论研究。毛泽东、邓子恢等中共领导人在领导早期农民运动时，也引入了合作经济思想，从而为中华人民共和国成立之后的农业合作化运动奠定了理论和实践的双重基础。改革开放以来，学者在合作经济领域的研究仍然以农村合作经济组织及制度变迁为主。尤其是2007年

《中华人民共和国农民专业合作社法》的颁布，加快了基层农业合作经济组织的发展探索，也催生了一批农业合作经济研究成果。国内外关于合作经济组织的理论，均为当前乡村振兴背景下新型农村合作经济组织的发展提供了理论支撑和有益启示。

（二）产权制度理论

产权制度理论是20世纪30年代以来，以科斯（Ronald H. Coase）为代表的西方经济学者在对正统微观经济学和标准福利经济学的根本缺陷进行思考和批判的过程中形成的。交易费用理论、科斯定理是现代西方产权理论的基础。科斯指出，市场交易需要花费大量成本，在交易成本为正的情况下，不同的产权界定会带来不同的资源配置的效率。作为产权理论创始人的科斯没有明确定义过产权，后来学者做出了相应的补充。德姆塞茨（Harold Demsetz）认为，产权包括一个人或其他人受益受损的权利，产权是界定人们如何受益及如何受损，因而谁必须向谁提供补偿，以修正人们所采取的行动。阿尔钦（Armen Albert Alchian）指出，产权是一个社会所强制实施的选择一种经济品的适用的权利。同时，阿尔钦在推广和深化科斯理论的基础上，提出了产权界定成本和产权排他性、分割性、外部性。现代产权理论认为外部性的产生是由于私人成本与社会成本的不相等，即社会成本大于私人成本，从而导致了社会福利的损失或低效。因此通过界定、安排产权结构，降低或消除市场机制运行的社会费用，可以提高社会运行效率，促进经济增长。

农业生产以农地为核心资源，农村集体经济以农地为核心资产。农地产权制度安排不仅关系到农村经济效率，还关系到生态环境保护，更关系到城乡居民生计和国家安全。改革开放40多年来，我国农村经济结构和社会结构发生了深刻变化，以农地为核心的农村集体资产产权的归属不清、权责不明、保护不力等问题日益突出，农村集体产权制度改革如箭在弦上不得不发。但此项改革牵一发而动全身，如何兼顾经济发展效率和集体成员权益，兼顾经济社会发展和生态环境保护，充分完善以承包地、宅基地、农房设施为主的各项农村集体产权权能，有赖于吸收和发展产权制度理论，进一步加快实践探索。

(三) 交易费用理论

"交易费用"这一概念由科斯（Ronald Coase）于1937年在其《企业的性质》一文中首次提出，后经阿罗（Kemielh J. Arrow）明确定义、威廉姆森（Oliver Williamson）系统研究，逐步形成交易费用理论，并成为产权制度理论乃至新制度经济学大厦的核心基石。交易费用理论研究发现，企业的成本包括生产成本、管理成本和交易成本，前两者产生于企业内部，交易成本存在于企业外部，来源于信息的搜寻、发布、讨价还价、谈判、签约、监督、合约执行和违约等环节。这就是狭义的交易成本的概念，而广义的交易成本则是指生产成本以外的所有成本，连管理成本也包含在内。该理论还认为，企业和市场是两种可以相互替代的资源配置机制，即可以通过扩大或者缩小经济组织边界从而节约交易费用（内化或外化成本）。而从另一个角度来看，不同的交易费用会以不同的方式与组织制度相互匹配，即采用不同的组织制度会产生不同的交易费用。

交易费用在农业生产发展的各个方面都扮演着守门员的角色。近年来，越来越多的学者开始关注交易费用对农业生产经营的影响，并寻求最优的组织制度安排。有学者认为小农户与大市场衔接的主要矛盾在于高昂的交易费用，并将农户经营市场的交易费用分为策划市场、执行市场和监督市场三类。也有学者对三类新型农业经营主体——家庭农场、合作社、龙头企业的交易费用进行了详细比较，得出的结论是，家庭农场相较于传统小农户，外生交易费用较低，相较于合作社和龙头企业，内生交易费用（管理成本）较低。由于组织结构简单、开展规模化经营、剩余索取权明确，家庭农场的综合交易费用相对最低，是普遍适合我国当前国情的较优的农业组织制度安排。

四、基于生态环境视角的理论基础

（一）可持续发展理论

1962年，美国女生物学家卡逊（Rachel Carson）发表了一部环境科普著作《寂静的春天》，书中描述了农药污染所带来的可怕景象，惊呼人们将会失去

"阳光明媚的春天"。该书在世界范围内引发了人类关于"高消耗、高污染、高排放"的发展模式的反思和争论。1987 年，联合国世界与环境发展委员会发表了一份报告《我们共同的未来》，正式提出可持续发展概念，即可持续发展是既满足当代人的需要，又不对后代满足其需要的能力构成危害的发展，并以此为主题对人类共同关心的环境与发展问题进行了全面论述。在 1992 年巴西召开的联合国环境与发展大会上，可持续发展理念得到与会者的共识与承认，并逐渐形成了可持续发展理论。一般认为，可持续发展内涵主要包含三个方面：人类向自然的索取能够同人类向自然的回馈相平衡；人类对于当代的努力能够同对后代的贡献相平衡；人类对本区域发展的思考能够同时考虑到其他区域乃至全球利益。

按照可持续发展理论，则农业可持续发展内涵至少包括：人类对农业生产的投入和从中获取的产出能够相平衡；农事活动中对自然资源和生态环境的开发利用不影响后代生存需求；人类对本区域自然资源和生态环境的利用不影响其他区域的相关利益。简言之，农业可持续发展要做到"三不"——不破坏自然生态，不祸及子孙后代，不影响周边利益。在此要求下，则要努力确保农业农村污染在生态系统的自然消纳程度以内，自然资源数量和质量与可预见的人口、技术、制度等相适应，并且能够抵抗意外风险。

（二）循环经济理论

循环经济思想萌芽于环境保护兴起的 20 世纪 60 年代，即《寂静的春天》发表之后。美国经济学家 K. 波尔丁（Kenneth Boulding）最早提出"循环经济"概念，即在人、自然资源和科学技术的大系统内，在"投入—生产—消费—废弃"的全过程中，通过资源循环利用遏制资源过度消耗，将"资源—产品—污染排放"的传统经济模式转变为"资源—产品—再生资源"的循环经济模式。多年来，循环经济的"3R"基本原则广为人知，即减量化（Reduce）、再利用（Reuse）、再循环（Recycle），分别针对输入端、过程端和输出端。2009 年起颁布实施的《中华人民共和国循环经济促进法》也以此诠释循环经济，但也有学者认为，"3R"原则以资源节约为导向，并没有提到无法重新进入生产领域的废弃物的无害化排放问题。故在此基础上又提出了"5R"原则：减量化投入（Reduce)、循环再利用（Recycle）、资源再配置（Relocate）、资源替代化（Replace)、无害化储藏（Restore），进一步拓展了循环经济所涉及的过程尺度和地域尺度。

就农业生产而言，传统的"三高"模式加速了资源消耗和环境污染，促使农业循环经济应运而生。农业循环经济基于自然作用和人类作用的频繁物质能量交换，运用物质循环再生原理和多层次利用技术，能够减少外部有害物质投入和农业废弃物产生，提高自然资源利用效率和农产品安全水平。当前，发展农业循环经济已经得到普遍认可和广泛实践，但仍需深化理论研究和广泛开展试点，进一步探索不同产业领域、不同空间尺度、不同地形条件的循环农业类型、运营模式、技术支撑以及制度保障等。

（三）生态价值理论

近一个世纪以来，生态环境问题与人类对自然的改造活动相伴而生，人们开始认识到生态系统对人类生存发展的重要作用和巨大价值，以此认知为基础的生态价值理论逐渐形成。一般认为，生态价值是指以地球生物圈作为生命维持系统或人类生存系统的价值，可以表现为资源价值、经济价值、环境价值、审美价值、生命维持价值、政治价值等，大致可分为四类，分别是环境的、生命体的、生态要素的、生态系统的生态价值。除了内涵和分类，生态价值理论领域的研究大多聚焦于生态系统服务价值的评估。康斯坦扎（Costanza）等学者于1997年发表了《世界生态系统服务与自然资本的价值》，在全球率先尝试建立一个具有普适性的生态系统服务价值核算方法。文中将全球生态系统分为16个类型，将生态系统服务分为17个类型，分别进行赋值计算。该研究至今仍是此领域内最有影响力的成果之一，后来的研究大多以此为框架进行调整修补。国内谢高地等学者[1]根据康斯坦扎的估值体系，结合我国国情，编制了中国陆地生态系统的生态系统服务价值当量因子表，进一步推进了我国生态系统服务价值的评估研究。

农业是直接利用自然资源和生态环境开展生产活动的产业，农田是生态系统

---

[1] 谢高地，甄霖，鲁春霞等. 一个基于专家知识的生态系统服务价值化方法[J]. 自然资源学报，2008（5）：911-919.

的重要组成部分。农业生产活动对生态系统尤其是农田生态系统影响至深，同时，生态系统对农业生产活动的价值最大，尤其是气候条件功能和食物供给功能。因此，对于乡村发展而言，更加需要提高对生态价值的认识，推行资源节约、环境友好的生产方式，促进生态价值的保护、提升和发挥，实现农业生产活动和生态系统的良性互动。

五、基于社会文化视角的理论基础

（一）乡土文化理论

弗孝通先生《乡土中国》开篇提出，"从基层上去看，中国社会是乡土性的"，因为"土"既是乡村生产活动的核心要素，又是乡村生活的空间载体，因此在绝大多数语境下，乡土文化等同于乡村文化。因为农业耕种高度依赖于土地，而土地不可移动且具有较强的地域性，从而千百年来形成了相互熟悉、长期稳定的乡村社会，进而形成了以地缘和血缘为纽带的差序格局和礼治秩序。一般而言，乡土文化是指在特定乡村区域，由特定人群共同生产生活并以某种方式留存下来的乡土风貌等物质特征和人情世故、风俗习惯、伦理道德等精神特质，但乡土文化中传统礼俗、道德秩序等产生的影响早已超越了时空和人群的限制。

不过，伴随着工业化和城镇化的快速推进，工业文明的理念逐步渗透到乡村，利益导向替代了血缘姻亲，成为基本行动逻辑，乡村礼治、乡贤权威也逐步被法治观念和乡镇干部所取代，乡村社会的传统生活方式陷入了衰变式微的困境，人们对乡土文化甚至传统文化的认同感在逐步下降。与此同时，传统的诚实守信、以和为贵、俭朴谦良等道德观开始失落，功利心态在乡村社会非理性膨胀。低俗文化乘虚而入，在部分乡村地区开始泛滥。20世纪二三十年代，以梁漱溟为代表的一批学者发起的乡村建设运动，其核心就在于通过文化教化（如创办乡农学校）的方式来解决乡村社会的文化失调问题。近年来，乡土文化也受到越来越广泛的关注，大量研究聚焦于乡土文化的时空变迁、实践特征、危机表现、陷落原因、多元融合领域，为推动乡村文化振兴奠定了重要的理论基础。

(二) 农耕文化理论

所谓农耕文化，是指以种植经济为基础的农业社会文化，内容囊括了与耕作相关的农业思想、农业科技、农业制度法规、农事习俗以及价值取向和思维方式等。学界也称其为"小农文化"，具有封闭性、家族性、保守性、均等性、乡土性等特点，与现代开放的工业文明/商业文明相悖。农耕文化对于中华文明的重要性不言自明。

中华文明源远流长，长期以种植农业为主要生计，决定了中华民族的生产方式和生活方式，农耕文化得以成为中华文明的基石，"耕读传家"的家庭模式在中华传统文化里备受推崇。从"刀耕火种"到"精耕细作"，我国耕作技术在历史上很长一段时间里都位于世界前列；从《吕氏春秋》到《齐民要术》，我国古代耕作制度也随着社会生产力的发展而优化变迁，还孕育传承了应时、取宜、守则、和谐等先进理念。

在现代商业社会里，农耕文化的部分特征开始显得"不合时宜"。近年来，学界开始深入研究农耕文化对我国经济社会发展的影响，对"农耕文化"展开剖析、反思和检视，去其糟粕、取其精华，以促进文化创新和融合，推动农耕文化在理论和实践中与时代同步"更新"。同时，在当前乡村振兴战略实施的大背景下，应该关注农村经济产业结构的变化、生产方式的改变、新技术新业态的发展对"新农耕文化"带来的影响，以及文化响应机制和路径。

(三) 社会质量理论

社会质量理论兴起于欧洲，最早由艾伦·沃克（Alan Walker）于20世纪90年代初创立。他认为社会质量是指公民在那些可以提升他们福利状况和个人潜能的领域，能够参与其社区的社会经济生活的程度。从发端开始，社会质量就与社会治理、公共政策选择密切相关。欧洲学界将影响社会质量的因素分为三类：①条件性因素，包括社会—经济安全、社会凝聚、社会融入、社会赋权；②建构性因素，包括个人保障、个人能力、社会认知、社会反应；③规范性因素，包括社会公正、团结、平等、个人尊严。无独有偶，我国学者几乎与欧洲同一时期首次提出"社会质量"概念,可惜后续研究未能跟上,后来待欧洲社会质量理论相对成熟后才进一步引进学习。王沪宁[①](1989)最早涉足社会质量研究,他认为社会质量是指社会的非政治有序化程度,并将其进行分类,还提出了测量指标。在他看来,社会质量与社会治理密不可分。近年来,林卡成为社会质量理论的引介和研究的主要推动者,他认为该理论以"社会性"为逻辑起点,以"社会整合"为原则,为研究社会和谐问题奠定了哲学理论基础[②],在应用方面,也有助于优化社会政策和提高社会福利。但目前我国关于社会质量的研究大多聚焦于条件性因素构建的四维社会质量评价体系,对建构性和规范性因素研究不足。

改革开放40多年来,我国总体社会生产力水平显著提升,但对比城市和乡村,无论从社会质量评价的哪个维度来看,后者都还存在较大落差,如生产效率、就业空间、人居环境、社会保障等。因此,如何提升乡村社会质量、弥补我国社会发展全局短板成为当务之急。社会质量理论作为评价社会发展的一个新视角、一种新标准,为世界各国的社会政策实施和效果评价提供了新工具。近年来,国内学者运用该理论在精准扶贫、乡村治理、城乡融合等细分领域展开了大量研究,为乡村振兴战略提供了较强的理论支持。

第四节　乡村振兴实施的总体要求

乡村振兴,是党自中华人民共和国成立以来做出的重大决策,是全面建成社会主义现代化强国的重大历史任务,是新时代三农工作的总抓手。应该看到,乡村振兴提出的"产业兴旺、生态宜居、乡风文明、治理有效、生活富裕"的总要求是相互联系的有机整体,准确把握总要求的具体内涵及其相互关系,是厘清乡村振兴战略思路、全面科学系统落实乡村振兴相关工作的重要一环。

---

① 王沪宁. 中国:社会质量与新政治秩序[J]. 社会科学, 1989(6): 20~25.
② 韩克庆. 社会质量理论:一个研究综述[J]. 东吴学术, 2010(1): 97~103.

一、乡村振兴的核心：产业兴旺

推进农村产业的发展是达成农业农村发展的核心所在。要想真正实现农村的可持续发展，必须要推进农村产业的发展。

我国农村产业发展有着自己特殊的历史进程，在很长的一个时期内，促进生产发展，尤其是农业生产发展，是其重点，解决广大农民的温饱问题，引领农村群众过上小康生活是其主要的任务和目标。而现阶段，我国提出了产业兴旺的概念，替代了生产发展的理念，通过这种提法上的不同，可以看出我国的农村政策焦点更加聚集，实现农业农村现代化成为农村工作的主要目标。

产业兴旺的提法能够体现出农业农村工作的新重点，那就是不仅要追求产量的增加，同时也要追求质量的提高，要从过去多采用的粗放型的经营方式向精细型的经营方式转变；要改变过去低端的供给方式，向着高端供给方式转变；要改变不可持续的发展模式，坚持走可持续发展的新道路。农村产业的融合与发展是实现城乡融合的关键所在。产业兴旺的目标不仅包括促进农业的发展，而且还包括进一步丰富农村的发展业态。将农村的一线、二线以及三线产业整合起来，实现共同发展，将推进供给侧结构性改革作为农业农村发展的主线，促使供给质量进一步提升，供给效益进一步增强，在农业农村的发展过程中实现质量和效益的双重推进，不断提升农业的产能，增加农村的附加值，提高农民的收入，缩小城乡之间的差距。

只有实现了产业的兴旺，才能让农民的生活更加富裕，要想促进乡村文明建设，对农村实施有效管理，前提是引领农民走向富裕，促进产业兴旺。

二、乡村振兴的基础：生态宜居

我国现阶段所提出的乡村振兴战略，重点强调了要建设生态宜居的美丽乡村，深刻阐述了只有重视生态建设，才能满足人民对美好生活的需求。

乡村生态宜居的目标有了自己新的内涵，已不再仅仅包括过去所强调的"村容整洁"，而是提出了"生产、生活、生态"相融合的理念，注重低碳经济发展的乡村经济发展新模式。走可持续性、低碳以及绿色发展道路是生态宜居乡村建设的核心。需要围绕"生产场域、生活家园、生态环境",三位一体,实现复合型的"村镇化",做好示范带动工作。

乡村产业兴旺实际上已经包含了生态保护和建设的底色,旨在进行生态宜居乡村建设的过程中,实现生态文明的同步促进,探索具有中国特色的乡村建设的可持续发展的模式,以创造更高品质生活。

在乡风文明的建设中,生态文明是不可或缺的重要内容,生态文明建设是乡风文明的基本内涵。要想实现乡村的健康发展和有效治理,要做好对乡村生态的治理,衡量对乡村的治理是否有效,要考察乡村生态治理的相关体制机制是否有效。因此,在生态宜居美丽乡村的建设过程中,要抓好抓实乡村生态文明建设这一基础性工程,为广大乡村打造更美好的未来。

三、乡村振兴的关键:乡风文明

文明乡风建设是创造文明中国的基础,有了文明的乡风才有文明的中国。只有对文明乡风加以传承和发展,才能树立新风气,取得新发展,真正实现乡村振兴。

在中华民族发展的历史长河中,乡土社会是民族优秀传统文化扎根的土壤,只有引导和培育文明乡风,才能使民族优秀文化得以弘扬和发展。在乡村开展精神文明建设以及文化建设的重要目标是创建乡风文明的新农村。乡村文明建设的基础就是要开展正确的家庭教育,有效推进家风建设,培育良好的家风家训。

只有家庭和睦,社会才能安定,只有家庭幸福,社会才能祥和。有了家庭文明这个基础,社会文明才能实现;通过有效的家庭教育,才能在家庭成员间传授知识,培育良好品德和文明风尚;有了优良的家风家训,才能使真善美得到弘扬,健康向上的社会氛围才能被营造出来。

文明乡风的树立和推行,能够令社会风气得到有效净化,推进乡村德治,实现对乡村的有效建设和治理环境的进一步改善;推进生态宜居乡村建设的步伐,促进乡村生态文明建设;能够凝聚人心,聚集人气,促进创业氛围的有效形成,为乡村产业的快速发展打好基础;能够汇聚农村群众的精神财富,进一步丰富文化生活,达成精神生活更加富裕的建设目标。

在推进乡风文明的过程中，要对农村地区优秀的传统文化实施保护，对这些传统文化进行历史渊源的探寻，摸清其发展脉络，确定基本走向；要完善家教家风家训建设的机制；挖掘出蕴藏在民间的优良的家风家训，让更多的农民群众自觉以好家风家训为行动的指南；建立起长效机制来实现对优良家风家训的传承，让优秀的好家风家训走入校园，走入课堂；要将优良家风家训编写成读本，鼓励创作反映优良家风家训的作品，促进文明乡风建设的发展取得实效。

四、乡村振兴的保障：治理有效

农村的快速、稳定的发展，离不开对乡村的有效治理。只有实现了对乡村的有效治理，才能建立起良好的秩序，保证生态宜居乡村的顺利建成，有效建设乡风文明，提高农民生活水平，推进农村产业的兴旺，有序地推进乡村振兴。

实现国家与社会的高效整合是实施乡村治理的成果体现，要盘活并充分利用乡村治理的各种资源，特别是增量资源，提升乡村治理的有效性，明确其价值导向，有效解决乡村社会中普遍存在的分化与冲突。乡风建设的最大目标是实现对乡村的有效治理，采用多元化的治理手段，充分体现治理过程中的包容性和开放性。所有能够推进乡村治理的资源都应当被整合和利用，不再被治理技术和手段所禁锢，要均衡乡村社会的良好秩序，努力创造农村治理的绩效。

在建立健全乡村治理体系的过程中，要将法治、自治与德治结合起来，这既是对乡村实施有效治理的内在要求，也是乡村振兴战略中的重要组成部分，同时是实现国家与社会达成有效整合的体现，要总结和发展近些年来实施农村治理的经验，坚守依法治村这个底线，还要汲取乡村社会治理的传统经验，实现乡村治理格局的多元化。

从过去对农村地区实施的民主管理向治理有效的要求转变，充分体现了国家的治理能力，也是当前形势下，对农村开展现代化治理的要求，是乡村振兴战略实施的必经之路，同时也是农村实现现代化的需求所在。要健全并完善农村的自治、德治以及法治机制，促成这三者的高效融合。

五、乡村振兴的根本：生活富裕

生活富裕既是乡村振兴的根本，也是实现全体人民共同富裕的必然要求。生活富裕是当前阶段实现共同富裕的基本形式，它与消除贫困、改善民生、不断满足人民日益增长的美好生活需要一起，充分体现了我国处于社会主义初级阶段的基本国情和主要矛盾；共同富裕是乡村生活富裕的目标导向和价值追求，彰显了中国特色社会主义的制度优势和发展优势。

生活富裕，必须提高农民收入。在新的经济形势下，农民要增收，首先要发展新产业新业态，打破城乡二元经济，推动一、二、三产业融合。通过鼓励和引导新型农业经营主体延长农业产业链，对农产品进行深加工，把农业附加值留在农村内部。同时，合理布局生产、加工、包装、品牌，打造完整的农村电商产业链。其次，要有效促进农民工工资性收入持续增长，通过户籍制度改革及其配套制度，为农民进城务工创造良好环境。

生活富裕，必须完成脱贫攻坚的任务。要聚焦深度贫困地区和特殊贫困群体，以精准脱贫目标、标准为主线，改善贫困地区发展条件，解决特殊贫困群体实际困难，激发贫困人口内生动力，夯实贫困人口稳定脱贫基础，为实现乡村生活富裕打好基础。扎实开展精细、精确、精微的"绣花式"扶贫，按照贫困户劳力状况、收入来源要素"四类分类"要求，采取"有劳力且有一定技术、有剩余劳力且可输转、有一定劳力在本地打零工、无劳力预备兜底"的办法，对贫困户进行精准分类、精准扶贫，助推脱贫攻坚取得实效。

生活富裕，必须促进农民的全面发展。要优先发展农村义务教育，实施健康乡村振兴战略，推动城乡教育和健康事业一体化发展，全面提高农民文化素质和身体素质。要创新乡村人才培育引进使用机制，强化乡村振兴人才支撑，加大对人才尤其是返乡人才的支持力度。一方面，对农村现有的技术能手、致富明星给予适当奖励，充分激发他们的带动作用；另一方面，对于返乡创业的人才面临的资金、技术和用地等难题给予及时解决，通过乡土人才培育，带动农民增收致富。

第二章　乡村治理工作的原理阐释

第一节　乡村治理的内涵及构成

乡村治理是一个复杂而系统的工程，需要多方面的努力和协作，旨在推动乡村的全面振兴和可持续发展。

一、乡村治理的内涵阐释

乡村治理是指在乡村地区，政府、社会组织、村民等多个主体依据国家法律、村规民约等进行的公共管理活动。

（一）乡村治理的相关概念

1. 治理

"治理"（Governance）一词最早来自亚里士多德的《政治学》。治理理论兴起于近代西方，它强调政府部门与其他非政府组织的互动与合作，从而增加对公共产品的供给，促进公共事务管理的协同和高效。从概念上讲，目前较为认可的是全球治理委员会对于治理的界定：治理是各种公共的或私人的个人和机构管理其共同事务的诸多方式的总和。它是使相互冲突的或不同的利益得以调和并且采取联合行动的持续的过程。其中既包括正式制度和规则，也包括一些非正式的制度安排。其基本要义在于承认国家与市场、社会的相对分离，强调多元治理主体通过互动、协商建立合作伙伴关系，共同管理社会公共事务，以此实现社会"善治"的目标。[①]

治理与统治有很大的区别。二者在权威的来源、基础和性质方面有很大的不

---

① 刘刚.乡村治理现代化：理论与实践 [M].北京：经济管理出版社，2020：18.

同，在权力运行的向度、范围和边界等方面也有很大的区别。之所以提出治理理念，主张用治理替代过去的统治和管理，是因为西方学者在社会资源的配置过程中，既看到了市场的失灵，也关注到了政府的失效。

2. 国家治理

国家治理是指一国范围内的所有治理，它既包括经济、政治、文化、社会、生态文明、国防军队和党的建设等各个领域的治理，也包括政府治理、政党治理、市场治理、公司治理、社会治理、生态治理、城市治理、乡村治理、社区治理、第三方治理、源头治理等各个方面的治理。国外学者关于"国家治理"的研究，更多地侧重于强调发挥市场和社会的作用，进而在一定程度上制衡政府的权力，而我国在治理的研究和推广方面，更多地强调（治理）主体的多元化，主张要充分发挥国家、社会组织以及社会个人的共同作用。"国家治理现代化"的概念更是我国首次提出。从中华人民共和国成立之初，我们提出工业、农业、国防、科技的现代化这"四个现代化"，到党的十八届三中全会聚焦国家治理体系和治理能力现代化，反映了我们党对现代化建设规律认识的不断深化，是从器物层面的现代化到制度层面的现代化的进一步延伸，以至于有学者将国家治理现代化作为我国的"第五个现代化"。科学合理的国家治理体制是国家治理体系的有机组成部分，是实现国家治理现代化的必备条件。

3. 社会治理

社会治理是指在一定的价值理念和规章制度下，政府、社会组织、企业和公众共同参与规范社会行为、协调社会关系、解决社会问题的活动的总和。社会治理是国家治理的有机组成部分，社会治理现代化是国家治理现代化的重要基础环节。良好的社会治理，既需要政府管理和引导，也需要社会组织和全体公民的协同和参与。改革开放以来，我国政府管理体制从管制性向服务性逐步转变，多元化治理发展趋势明显，从集权到分权特征显著。党的十六届六中全会做出《关于构建社会主义和谐社会若干重大问题的决定》，其中明确提出了加强和改进社会建设和社会管理的历史任务，将现代化建设目标拓展为经济、政治、文化和社会建设"四位一体"，首次提出了建设社会文明、构建和谐社会的目标。

新时代加强社会治理工作，必须创新社会治理体制机制，打造共建共治共享的社会治理格局，不断完善党委领导、政府负责、社会协同、公众参与、法治保障的社会治理体制，不断提高社会治理的社会化、法治化、智能化、专业化水平。

4. 乡村治理

乡村治理就是乡村治理多元主体之间通过一定的关系模式或行为模式，共同推动乡村经济、政治、社会、文化和生态建设的一个动态的过程。

有关乡村治理的具体内涵，研究者主要从下述视角进行了研究①：

一是功能主义视角。治理最初的含义是进行管理、操纵和领导，它最初来源于英文，随着内涵的不断丰富，它后来指的是在一定的范围内通过对权利的使用，确保社会秩序的和谐与稳定，确保公众的利益能够得到较好的保障。从本质上来说，乡村治理其实是管理者对于权利的支配与应用，它实现了对公共权利的协调和平衡，对于整个社会起到了较好的调控作用。20 世纪 80 年代后期，"治理"的概念才有了明确的界定，世界银行明确了其具体的内涵，强调"通过机构资源的统筹协调，充分发挥好政治权威，确保社会事务能够较好解决"。在这之后，"治理"应用的范围越来越广。世界治理组织曾经在 20 世纪 90 年代发表了一篇十分重要的文章，文章对"治理"的内涵进行了充分的阐释。将其概括为：治理就是将类型多样的相关事务进行系统的概括和科学的总结，它是对各种方式的系统归纳，它将不同的矛盾进行了一定的调节，同时做出了相应的联合行动，这是一种持续的、不间断的过程。通过分析可知，"治理"的内涵在原有含义的基础之上不断丰富，它具有明显的层级性、体系性。

二是在国家法治体系的基础之上，配合乡村的自治机制而构成崭新的研究视角。乡村治理是建立在原有的治理理念基础之上的，二者实现了对不同主体的协调，二者的共同目的就在于真正彰显出不同主体所追求的利益与发展方向，进而促进社会的健康发展。换言之，乡村治理实现了乡村研究与治理相关概念的相互交融。

三是从目标管理的维度来进行思考。就乡村治理概念的基本内涵而言，它涵

---

① 赵先超，周跃云. 乡村治理与乡村建设 [M]. 北京：中国建材工业出版社，2019：8~9.

盖的内容是多个方面的，村民自治也包含其中。我国村民自治相关法律明确规定：所谓村民自治，其实就是村里的事情村民自己做决定，通过各种各样的民主形式，村民对自己的事务进行管理、对民众进行有效的监督，同时，也要本着服务于群众的基本理念，把本村的各种事情处理好。村民自治包含几个方面的内容，涉及决策、选举、监督、管理等各个方面。从本质上来讲，村民利用各种各样的民众制度，对乡村的各种事项进行科学、系统、层级化管理，它是在乡村治理过程中所探索出来的一种崭新的模式。部分学者强调"乡村政治"。其实，要想促进"乡政"的有序推进，需要国家发挥一定的强制力，它的落实过程体现出明显的集权特征；"村治"需要充分考虑民众的意愿，它需要充分考虑民众的诉求，体现出较强的民主特征，村民对自己的事务进行决策。实施乡村治理是为了更好地走向"善治"，也就是在对社会进行管理的过程中，将群众的利益体现得更加充分，其本质就是在政府的引导下，公民参与到公共事务的管理过程之中，它构筑了政府、社会以及公民的崭新社会关系。通过分析可知，乡村治理自身当中就蕴含着较为丰富的"善治"思维，它实现了对社会的高效管理，也凸显出宏观调控的功能。

我国是一个拥有悠久农业文明的国家，"乡村治理"作为国家治理现代化的重要组成部分，其含义随着时代的发展而被赋予了新的意义，但总的来看，乡村治理的实质都包含了以下几个相同点：第一，治理主体的多元化是保证乡村治理顺利进行的首要条件。第二，治理主体科学有效地选择和变换治理方式对于解决乡村社会的各种纠纷、逐步构建完善的基层社会服务体系以及解放和发展乡村生产力都具有深远的影响。第三，乡村治理的最终落脚点是"以人为本"，即维护农民的根本利益，提高其经济水平，增强其文化素养。从这个层面上看，乡村治理的实质就是治理主体在不同时期内对治理客体施行有效的治理方式，实现预期治理效果的行为。

(二) 乡村治理的基本原则

乡村治理需要遵循的原则主要有以下四个方面。

1. 法治原则

法治，不仅能对社会复杂多样的矛盾进行有效调节，推进乡村治理，从内部有效支撑人民，还能够有效解决和保障公民人身财产安全。

乡村治理法治化，一方面，是乡村社会稳定的问题；另一方面，与党在乡村执政基础的巩固的关系也是非常密切的。在依法治国的大政方针下，推进依法治村，乡村治理法治化，遵循法治思维，坚持依法治理，把乡村治理纳入法治化轨道。

2. 民主原则

我国乡村治理面临的问题中，有一个如何向现代民主治理体制转变的历史任务与难题。乡村治理采取的基本方式之一就是民主，这是推进社会治理法治化的重要前提。

所谓乡村治理的民主模式，是指乡村治理过程中，凡涉及乡村公共事务、公共福利，除法律或政策有特殊规定外，应充分尊重乡村自治组织及村民的自主意志，采用法治化、民主化程序建立系统、高效、自治的乡村治理结构。

在乡村社会治理中，各治理主体的参与及运作，都必须在民主的基础之上才能实现，也只有这样，才能对决策的民主化、科学化、法治化起到促进作用。

3. 权利原则

权利原则是乡村治理取得有效性的重要前提。在乡村治理过程中，坚持遵循权利原则，采取的措施主要有以下三个方面。

第一，是提高农民权利观念。当前，在科学技术、新媒体等渠道下，农民获得了丰富的现代民主权利知识，其权利意识不断觉醒，这种意识蕴含着巨大的社会价值，是社会治理的有生力量。

第二，是建立权利体系。要唤醒农民的主人翁意识，要让农民自己主动地参与到民主政治中去，接着是国家以制度性、法律性保障农民主体的权益，建立完善的服务设施和保障体系，保障资源共享、分配机制合理，实现公平公正，唯有如此才能真正地实现农民的权利，才能实现良好的乡村治理目标。

第三，是健全权利保护机制。乡村治理的根本问题，是健全农民权益的保障机制。乡村基层治理中，要积极回应人民群众日益增长的多样化权利诉求，健全人权和权利保障制度，维护弱势群体的权利。同时，还要落实并完善宪法规定的农民与市民同等的公民权，为社会主义新乡村建设和社会主义和谐社会构建提供有效助推力。

4. 服务原则

提高社会公共服务的品质，满足民众多样性的服务需求，是乡村治理创新的根本目的所在，因此，一直以来，乡村公共服务体系建设都是乡村社会治理创新的核心领域。乡村公共服务状况会对民众的生产生活水平的提升产生直接影响，是密切党群、政群关系的基本途径，同时，其也作为检验乡村治理创新成效的标尺而存在。

中共中央、国务院在《关于加快发展现代农业进一步增强乡村发展活力的若干意见》（以下简称《意见》）中指出，建设中国特色现代农业，必须将完善的农业社会化服务体系建立起来，具体来说，就是要坚持主体多元化、服务专业化、运行市场化的方向，将公共服务机构作用充分发挥出来，与此同时，在构建公益性服务与经营性服务相结合、专项服务与综合服务相协调的新型农业社会化服务体系的速度方面也要有所加快。这些都体现出了乡村治理服务原则。

（三）乡村有效治理及其意义

1. 乡村有效治理的概念界定

乡村治理概念的诞生充分结合了当前中国的现实发展状况，它实现了基本理论与我国发展实际之间的融合，为中国乡村社会的有效治理提供了有价值的参考。

现代政治的发展是为了更好地实现高效治理。在社会管理的过程中，有效治理保障了公众拥有更大的权利，它真正凸显出治理工作的效率，也强调治理工作应该在相应的目标引导基础之上实现，确保了最终结果的高效化。对于一个国家而言，现代化的实现需要以高效的治理能力作为基本的保障，这是治理现代化所突出强调的重点。有效治理突出强调两个方面的内容：一是主体具有多元化特征，这和原有的依靠政府来进行治理具有明显的区别。现代化治理的主体不仅是政府，社会、民众、市场等都可以参与其中。二是它强调过程的互动特征，和原有的下级服从于上级的治理有着最明显的不同。

乡村振兴需要以高效的治理作为基础和保障，高效的治理助力乡村振兴更好地实现。要想更好地实现有效治理，需要强化党的领导，政府也应该发挥好引导作用。在发挥好基层组织的基本作用基础上，真正打造各种治理主体之间的互动和交流，使治理的机制更加完善，治理的内容丰富，治理的机制更为成熟，从而凝聚成更加强有力的推动力量，确保了乡村发展的稳定和持续。就治理主体的角度而言，政府可以发挥好其管理作用，其他主体包括党组织、社会团体、村民等也可以参与到管理的过程中，各个主体都能够参与到治理的过程中，增进了民生福祉，保证了高效率社会服务的实现。就治理体系的角度而言，乡村治理需要发挥好德治、法治和自治的作用。引导自治组织充分发挥其作用，促进村民以更加积极的姿态参与到村里事务的管理过程之中，不断提升村民自我管理的能力和水平。村民可以充分利用法治手段，促进社会的公平建设；发挥道德引领作用，让乡村治理更加高效。从治理机制的角度而言，有效治理需要保障村民的利益，需要民主的决策作为保障，同时，还要充分发挥好监督作用。

就资源的角度而言，需要对人力资源和资金进行整合，让乡土文化资源的内涵被充分挖掘出来，确保治理的效果。

2. 实现乡村有效治理的意义

第一，有利于和谐美丽社会的建构。党和国家希望建立一个和谐友善、互助互爱的理想社会。伴随着经济的快速发展，民众生活的方式得到了较大的改善，人民的幸福感、获得感越来越强。然而，农村的经济形式日益多样，意识形态领域也变得更为错综复杂，这些对乡村治理而言都是巨大的阻碍，使良好的社会状态难以迅速形成。中国的发展需要较强的农业作为保障；美丽中国的实现需要有美丽乡村为积淀。随着乡村振兴战略发展的日益成熟，乡村治理现代化、民主化、体系化、制度化的步伐日益加快。在生态优先发展理念的指引下，要想真正解决当前农村所面临的生态恶化、秩序较差、治安缺失等问题，需要不断促进美丽乡村建设，需要高质量的乡村治理作为基础和保障。

第二，有利于加快城乡一体化的进程。要想进一步缩小城乡发展差距，真正化解农村发展不足的问题，需要持续推进城乡一体化建设。实现乡村振兴，需要乡村治理的新模式作为基础和保障，它能够促进三农问题的有效解决，同时，也有助于构建城乡融合发展的崭新模式，这极大地加快了农业现代化的发展步伐。

此外，乡村治理矛盾得到了较好的化解，村民和居民所享用的资源基本均等，社会变得更加公平，城乡一体化的步伐不断加快。

二、乡村治理的科学理论指导

（一）人地关系地域系统理论

人地关系地域系统，可以将其理解为以地球表层一定地域为基础的人地关系系统，换句话说，就是人与地在特定的地域中相互联系、相互作用而形成的一种动态结构。

人地关系地域系统的研究内容是非常广泛的，主要包括以下几个方面。

第一，人地关系地域系统的形成过程、结构特点和发展趋向的理论研究。

第二，人地系统中各子系统相互作用强度的分析、潜力估算、后效评价和风险分析。

第三，人与地两大系统间相互作用和物质、能量传递与转换的机理、功能、结构和整体调控的途径与对策。

第四，地域的人口承载力分析，关键是预测粮食增产的幅度。

第五，一定地域人地系统的动态仿真模型。根据系统内各要素相互作用的结构和潜力，预测特定的地域系统的演变趋势。

第六，人地相关系统的地域分异规律和地域类型分析。

第七，不同层次、不同尺度的各种类型地区人地关系协调发展的优化调控模型，亦即区域开发的多目标、多属性优化模型。

（二）劳动地域分工理论

劳动地域分工是将人类经济活动按地域空间进行的一种分工形式，实现优势互补，获得最佳的整体效益和个体（地区）效益，是其根本目的所在。导致这一分工形式的直接原因是区域之间的资源禀赋、发展基础、经济结构、生产效率等方面存在较大的差异与比较优势。

城市和乡村两个经济地域是各不相同的，它们的差异性主要体现在资源禀赋、发展基础、经济结构、劳动效率等方面，两者要将区域比较优势最大程度地发挥出来，确定（或调整）区域产业结构和区域发展方向；在分工基础上合作使区域之间实现优势互补、优势共享或优势叠加；区际之间适当的公平竞争，会促进区域资源优化配置和整体效益的提高；应建立有序的地域分工层次体系，高层次上的地域分工对低层次上的地域分工有指导和制约作用，使地域分工纵向上的有序性和有效性得以顺利实现。

（三）涉及的可持续发展理论

可持续发展的内涵是非常丰富的，涉及可持续经济、可持续生态和可持续社会三个方面的协调统一，其所提出的要求为：人类在发展中讲究经济效率、关注生态和谐和追求社会公平，最终达到人的全面发展。由此可以看出，尽管可持续发展缘起于环境保护问题，但作为一个指导人类走向 21 世纪的发展理论，它已经超越了单纯的环境保护。它将环境问题与发展问题有机地结合起来，已经成为一个有关社会经济发展的全面性战略。

下面，就可持续发展所涉及的三个具体内容加以分析和阐述。

1. 经济可持续发展

可持续发展对经济增长进行鼓励，与以环境保护为名取消经济增长之间并不是等同的关系，究其原因，是由于经济发展是国家实力和社会财富的基础。但是，可持续发展所重视的并非只有经济增长的数量这一个方面，经济发展的质量是更应该关注的重中之重。

从某种角度上可以说，集约型的经济增长方式就是可持续发展在经济方面的体现。

2. 生态可持续发展

可持续发展对经济和社会发展提出了相应的要求，即经济建设和社会发展与自然承载能力之间必须是协调的。它不仅要求发展，还要求必须对地球生态环境加以保护，使其能得到一定改善，也使其以可持续的方式使用自然资源和环境成本得到保证，使人类的发展控制在地球承载能力之内。因此，可持续发展强调了发展并不是随意的，而是有限制的，没有限制就没有发展的持续。生态可持续发展也将环境保护作为强调的重点,但是这与以往将环境保护与社会发展对立的做法是有所差别的,可持续发展要求通过转变发展模式,从人类发展的源头、从根本上解决环境问题。

3. 社会可持续发展

可持续发展强调的是,环境保护的实现与社会公平的机制和目标息息相关。可持续发展过程中,能够将世界各国不同的发展阶段、不同的发展具体目标体现出来,但是同时,发展的本质所包含的内容更加广泛,改善人类生活质量,提高人类健康水平,创造一个保障人们平等、自由、教育、人权和免受暴力的社会环境,都属于这一范畴。由此可以得知,在人类可持续发展系统中,经济可持续是基础,生态可持续是条件,社会可持续才是目的。

(四)乡村复合生态系统理论

1. 乡村复合生态系统的理论内涵

乡村的复合生态系统特征是较为显著的,具体来说,乡村复合生态系统,就是"农村社会—农村经济—农村环境—农村文化"这样一个系统,其主要构成要素有农村社会子系统、农村经济子系统、农村环境子系统和农村文化子系统几个方面。

复合生态系统是一个复杂的自组织系统。社会、经济、自然和文化子系统之间既相互联系又相互独立,既相互支持又相互制约,这种非线性关系构成了一个耗散结构;复合生态系统还是一个开放系统,可以利用外界引入负熵,充分发挥系统内部以及系统和外部环境的协同作用,从而使系统的稳定性和可持续发展得到保证。

通常情况下,也可以将乡村复合生态系统进行简化,可以表述为"农村生活—农业生产—农村环境—农村文化"四位一体的复合生态系统。这四个子系统之间是相互作用、相互影响的,其中,占据主导地位的是农村生活和农业生产子系统,它们对农村环境产生影响的同时,也将农村特有的乡土文化创造了出来。总体来说,农村环境是乡村发展的前提条件,农业生产是农村生活发展的基础,农村生活方式的改变又影响着农业生产,农村文化是农村生活和农业生产的表现，同时也可以维系和促进农村生产生活方式以及农村环境的改善。

2. 乡村复合生态系统理论的应用

乡村复合生态系统理论的应用范围主要是指乡村治理模式的规划和设计。一个稳健的、可持续发展的乡村发展模式，一定要将系统的稳定性和自我调节性重点突出出来，要实现这一目标，可以借助的途径有以下几条。第一，适度增加系统的复杂性，对农业生产、农村生活、农村环境和农村文化结构进行科学、合理的设计，促进系统的稳定性提高。第二，对系统的开放性进行合理利用，与此同时，外部资源的利用也应是有效的。第三，要将系统的协同性充分发挥出来，将农村发展协调机制建立起来。

乡村治理的规划和框架设计的进行，要以外界环境和社会发展阶段、农村实际情况为主要依据，对乡村经济、社会、环境和文化的结构与布局进行合理规划设计，增强乡村治理内容的适应性、系统性，以及与当地社会经济发展条件的融合度。

（五）农业生产和农村生活的多功能性理论

1. 农业与农村生活的多功能性

（1）农业的多功能性

农业多功能性，就是指农业具有经济、生态、社会和文化等多方面的功能。农业多功能性能够有效支持乡村复合生态系统的每个子系统，充分发挥农业多功能性，能够对乡村复合生态系统的稳定和提升起到积极的促进作用。

要将农业的多功能性提升起来，重点在于拓展农业生产模式和完善生产条件。其中，拓展农业生产模式主要体现在：采取先进生产技术，发展农业多样化经营，延伸农业产业链，构建循环农业和生产农业模式，实行多功能农业种植、养殖，减少农业生产污染排放，提高资源利用效率和农业产出效率。完善生产条件则主要体现在：改造农田基本设施，开展农田功能性景观建设，实行农业机械化和农业自动化耕作，开展耕地污染减排与修复。

（2）农村生活的多功能性。

农村生活模式也具有显著的多功能性，其重要性主要表现在其对乡村复合生态系统的经济、社会、环境和文化子系统均有提质增效作用。

提升农村生活的多功能性，重点在于生活方式转变和生活条件改善。其中，生活方式转变体现在：移风易俗，建立良好的生活习惯，提高资源利用效率，减少生活污染排放，建立乡村生活环境管理机制，实现乡村生活环境的自我维护和自主管理。改善生活条件则主要体现在：开展景观改造、住房改造、公共设施完善等方面。

2. 农业生产和农村生活方式的协同耦合

在促进物质流循环和资源高效利用方面，农业生产多功能性和农村生活多功能性之间是相互依存的，二者具备相互驱动能力，同时，也能相互消纳剩余产物，有效缓解各自产生的环境污染压力。

（六）基于压力—状态—响应模型的乡村可持续发展评价理论

乡村复合生态系统是一个动态的、具有生命力的系统，在外来和内在的压力驱动下，系统演化和发展到一定状态，同时系统通过调节彼此之间的协同作用，使外部环境影响有所减少，修正系统内部结构和行为来对压力进行适应，从而使系统的稳定和可持续发展得以顺利实现。

1. 系统压力

系统承受的压力，可分为外部压力和内部压力两部分。

（1）外部压力。外部压力又可以分为正压力和负压力两种，其中，正压力是指那些促进乡村复合生态系统往良性发展的压力，主要包括外部的资源、能源和信息对农村的补给，以及对农村资金、政策和市场支持等。负压力则指那些导致乡村复合生态系统衰退的压力，主要包括城乡剪刀差、农村劳动力流失、农村资源外移、农村资金的流失，以及外部工业污染进入农村等。

（2）内部压力。内部压力主要是指乡村复合生态系统内部各个子系统的预定发展目标，以及内部资源和能源的需求和消耗。主要包括：农村生产需求压力、生活需求压力、环境需求压力和农村污染物排放压力。

2. 系统状况

系统状况，主要是指系统内经济、社会、环境和文化各子系统的结构、性能和运行情况等。较为典型的，如乡村经济的构成和产出效率、农民生活质量和健康状况、乡村环境质量状况和环境容量、乡村文化组成和运行模式等。

3. 系统响应

系统响应，能够将乡村复合生态系统自我调节能力反映出来，包括各个子系统的减压和提质措施等，既可以是技术措施，也可以是政策和管理手段。显而易见，系统响应是对乡村复合生态系统理论中提到的协同机制的一种修正措施，能够对系统不断调整自身策略起到促进作用，有效应对外界压力的变化和内部功能的进化，使系统的健康得到保证。

由此可见，压力—状态—响应理论的应用范围是乡村治理的评价。该评价理论便于数据获取和量化，可操作性强。通过与乡村复合生态系统的现状、结构和发展目标结合来进行监测，对乡村治理模式是否适应外部环境和内在发展需求加以评价。

三、乡村治理的体系构成

（一）治理主体

当前，我国的乡村治理主体已经呈现出显著的发展现状，具体表现为：乡村治理主体的能力有待提高、乡村治理主体的缺位与弱化、农民的治理主体地位尚未彰显、乡村社会组织的发展还有待加强、乡镇乡村社会治理主体的信任基础缺失、乡村治理主体的多元参与机制仍然没有根本形成等方面。这些情况和问题都对乡村治理的进程产生了制约甚至阻碍作用，乡村现代治理主体结构的构建与运行任重道远。下面，对其主体结构进行了解和分析。

乡村治理主体结构划分为四个类别，即组织协调主体、主导责任主体、自治参与主体和社会协同主体，具体如下。

1. 组织协调主体：乡村基层党组织

村党组织在乡村基层党组织中处于重要地位，乡村基层党组织是处于乡村经济社会发展的领导核心地位的，并且其在整个基层组织中是重要的主体。

在众多的乡村社会治理主体中，乡村基层党组织有着显著优势，主要体现在政治、组织、人才和资源等方面，因此在乡村治理过程中，要将其总揽全局、协调各方的作用充分发挥出来。

2. 主导责任主体：乡镇基层政府

乡镇基层政府是国家政权的最后一层，其主要职责是传达和贯彻中央及省市县政策，同时，乡镇基层政府在乡村社会建设中所扮演的是最直接引领者的角色。乡镇基层政府的作用是非常显著的，主要表现为沟通乡村社会与县级政府的上传下达的桥梁和纽带作用。在乡村治理中，其所起到的主导作用也是非常重要且不可忽视的。因此，乡镇基层政府是乡村治理的主导责任主体。

3. 自治参与主体：农民群体

农民是乡村社会生活的主体、乡村社会的主人，这也就决定了其是参与乡村社会治理不可或缺的基础性力量。农民作为最重要的乡村治理对象与主体，自身属性的变化也必将导致乡村治理模式的转变，现代法治、契约、民主化的治理模式逐渐取代了原先地缘、血缘、伦理式的治理。随着国家对农民的关注程度不断提升，农民的经济资本、文化资本和社会资本等资本禀赋的不断丰富，这也就为他们参与社会治理创造了机会，提高他们参与社会治理的能力，使他们真正成长为社会治理主体，进而推动乡村多元治理模式的发展与完善。

4. 社会协同主体：乡村自治组织和社会组织

乡村治理"善治"的实现标志为多元主体的协同治理。不同形式合作组织的参与，赋予了乡村治理主体日益多元化的显著特点。在社会治理创新中，乡村自治组织和乡村社会组织都处于乡村治理的主体地位，所担当的角色也越来越重要，发挥着极其重要的作用。因此，在乡村治理过程中，一定要将地缘组织乡村自治组织和业缘组织乡村社会组织的协同作用充分发挥出来，这一点是至关重要的。

(二) 治理机制

在传统社会，法治建设相对薄弱，以宗族关系为纽带的"德治"体系在乡村治理过程中发挥着主导作用。随着法治建设日益完善，"德治"体系的主导作用逐渐淡化，并逐渐演化为对法治体系的有效补充。新时期，乡村治理机制需要"法治"与"德治"相配合，既需要制度化的村规民约，也需要有非制度化的村民议事程序。在乡村治理中，村民会议、村委会等自治组织依据政治制度、法律政策等履行职责，属于正式制度范畴内的社会管理机制；村民通过自我组织参与公共事务治理等，则属于非制度性的社会治理机制，是正式制度的有效补充。从集体行动事件的发生机制看，既有基层群众自治制度等正式制度的法治保障，也有熟人社会逻辑等非正式制度的影子。从行为主体看，这些集体行动事件的行动主体，既有基层党组织和村民委员会等自治组织，也有以民间互助为特征的非正式组织。制度因素是影响乡村治理实践的重要因素，也是理顺乡村治理逻辑的主要线索。

（三）治理目标

乡村治理本身就是一个复杂、庞大的工程，所涉及的利益也是有多方面关联的，极易引发矛盾和冲突。进行乡村治理的总的目标是提高人民的生活水平，注重全面建设，保障农民权利、提高农民生活水平与质量、建构乡村公共性等。由此可见，乡村治理的目标具有多元化的特点。这就要求党和国家要抓好乡村社会治理工作，在明确乡村治理目标的基础上，保证乡村治理目标的正确性和准确性。

1. 实现乡村和谐发展

实现乡村社会的和谐发展，是乡村治理的政治目标。乡村的和谐发展与乡村治理之间的关系是非常密切的。当前，乡村社会面临的一个主要问题，就是创新乡村治理体制、维护乡村的和谐发展。

当前，乡村的矛盾是比较突出的，如果这些矛盾不能得到妥善解决，就势必会对乡村的和谐稳定与小康社会建设目标产生影响，进而也会对经济社会发展和国家的政局稳定产生影响。因此，化解这些突出的乡村社会矛盾对我国乡村治理实践提出了更高要求。

2. 价值目标：保障农民权利

保障农民权利，是乡村治理的价值目标。创新乡村治理必须以农民权利为宗旨。保障农民的基本权利是新型城镇化进程中乡村治理转型的关键节点。

乡村治理的根本问题，是健全农民权益的保障机制，而这一"保障机制"的绝对指向应该是推动与实现农民权利，也可以将其理解为，农民权利是乡村治理的切入点与基准线。解决农民问题的关键在于解决其权利问题，构建保障农民权利的公正法治社会是推进国家治理体系和治理能力现代化的重要任务。没有对农民基本权利的尊重和保障，社会的公平正义就不会存在，更不必说国家治理的现代化以及农民的尊严和幸福生活。

农民权利是乡村社会治理的法治归宿，乡村治理的根本任务是使农民权利得到保障。因此，在创新乡村治理中，要切实保障农民的各种权利，比如主要的知情权、参与权、监督权、表达权，创新农民的参与形式，拓展农民的参与空间，保障农民话语表达机制、民主自治机制，培育农民的主体意识、权利义务意识、公平正义意识，进一步增强农民的公民意识，提升农民的治理主体性价值，从而把党的领导、乡村的健康发展和村民的民主要求结合起来，使乡村治理的价值目标顺利实现。

3. 提高农民生活水平与质量

提高农民的生活水平与质量，是乡村治理的根本目标，也可以将其理解为要为农民构建一个良好的居住环境，过上美好的生活。维护广大人民群众的根本利益，牢固树立农民群众利益无小事的理念，把民生问题的有效解决作为乡村社会治理的根本，想农民之所想、急农民之所急、办农民之所需、干农民之所盼，是乡村治理的主要目标。

建立公共服务体系，是乡村治理的核心领域。乡村公共物品是实现乡村治理现代化和改善农民生活水平的重要方面，公共物品供给不足会制约现代化中的乡村治理水平，同时，也会对我国国家治理水平的提高产生直接影响。农民的生活水平高低与乡村综合治理效能之间的关系是非常密切的。村级治理水平的高低，通常能从经济的发展上和农民的生活水平上得到体现。

4. 建构乡村"公共性"

建构乡村"公共性"，是乡村治理的现代化目标。实现乡村社会治理现代化目标，一定要将乡村的"公共性"构建起来。从某种意义上来说，这种"公共性"是在承认并保护"私"的基础上所塑造而成的"公"，是顺应生产力发展和社会治理的"公"。

广大农民在实践中建构的公共性,能够使乡村社会经济发展的需要和社会治理的需要都得到满足,与此同时,其还是经济社会全面协调可持续发展的基础条件。由此看来,农民自愿成为乡村公共性建构的新主体,其在发挥公共性的可视性(改善村容)、整体性(助弱济贫)、互动性(开展道德讲坛)、日常生活性(在田间地头和农家大院中对农民进行传统教育)等方面起到了重要作用,同时,也使乡村社会发展与社会管理的新方向和新思路得到了有效拓展。

(四)治理对象

《关于加强和改进乡村治理的指导意见》明确了新时期乡村治理的主要任务,即完善村党组织领导乡村治理的体制机制,发挥党员在乡村治理中的先锋模范作用,规范村级组织工作事务,增强村民自治组织能力,丰富村民议事协商形式,全面实施村级事务阳光工程,实施乡风文明培育行动,发挥道德模范引领作用,健全乡村矛盾纠纷调处化解机制,加大基层小微权力腐败惩治力度,加强农村法律服务供给,支持多方主体参与乡村治理,提升乡镇和村的为农服务能力。

(五)治理新理念之"四个覆盖"

所谓乡村治理新理念的"四个覆盖"模式,即基层党组织、基层民主组织、经合组织、维稳组织,乡村社会管理系统是一个覆盖乡村和广大农民的网络,这一网络的主要特点是全方位、多层次、全面覆盖、党政结合、高效率、民主、完整。这个网络中的各个组织之间的关系是非常密切的,主要表现为相互联系、相互支撑,充分调动各方积极性,共同管理乡村各项事务,为农民实现民主权利、化解社会矛盾、实现共同富裕探索出一条新路径。

1. "四个覆盖"理念的提出背景

现阶段,我国工业化、城镇化、市场化都得到深入发展,乡村治理却处于相对松散的状态,并且逐渐呈现出深层次的矛盾和问题。乡村治理创新为何存在很多难题,最为主要的原因有四个方面。第一,基层党组织建设弱化,很难将领导作用充分发挥出来。第二,村民自治制度较为欠缺,基层民主问题较为典型,但解决的难度较大。第三,农民致富的积极导向作用弱化或不见,这就进一步加大了市场对接的难度。第四，乡村矛盾之间的复杂程度越来越高，在一定程度上冲击着社会的稳定局面。

2. "四个覆盖"的工作模式

所谓的"四个覆盖"乡村治理的工作模式，通过基层党组织、民主组织、经济合作组织和维稳组织的全面覆盖，将基层组织的引导、管理、服务、监督与培育等作用充分发挥出来，化解各类矛盾，提供致富载体，解决发展难题，从而保证乡村的稳定与发展能顺利实现。

(1) 全面覆盖基层民主组织。这一工作模式所包含的内容主要有三个方面，即在村级组织中推动村代会和村民监督委员会民主组织的建立；建立村代会主席的竞选制度；落实"三议一行一监督"制度。

(2) 基层合作性经济全覆盖。由于政府传统经济模式的大力干预，导致很难将市场的调控作用充分发挥出来，同时，农民经营规模小、机械化程度低、市场信息掌握慢等缺陷也没有得到妥善的改善和解决，这就需要按照"民办、民管、民受益"的原则，专门针对农民的合作需求和农村生产的实际情况，采取多种模式经济合作组织，即大户领办、村组农户联合、院校基地合作、龙头企业带动、流通市场链接等方式，这不仅与市场需求相符，同时还能达到团结农民散户，增强抗击市场风险的能力的效果。除此之外，还要建立健全经济协会组织、专业化服务组织和农业产业化组织，为农民提供产前、产中、产后系统服务。这些组织将单打独斗分散的农户连接起来，使他们能够融合为一个有机整体。如此一来，能起到降低农业经营成本、提高农业劳动生产率与市场经营能力、促进农业增效与农民增收的显著作用。

(3) 基层维稳组织全覆盖。要实现乡村的和谐稳定、长治久安这一重要目标，仅凭各级安保机构是远远不够的。还要将政权的力量充分发挥出来，将人民群众的力量尽可能地调动起来，这样能够使政府的安保压力有所缓解，与此同时，还使人民的安全意识得到强化，也进一步将其主人翁意识和责任义务突出出来，为了实现乡村的和谐安宁，要积极动员农民群众主动参与基层治安管理，实现"自我教育、自我管理、自我调解、自我保护"，提升其文化素质和自我修养。为实现基层维稳组织全覆盖，探索推行了"3+1"基层维稳组织模式。所谓

"3",是指在村一级建综治工作站、综治小区、综治小组三层组织网络。所谓"1",就是在各村设一支治安巡防队。具体来说,"3+1"综治维稳组织及其工作职责是:综治工作站;综治小区;综治小组;治安巡防队。

(4)基层党组织全覆盖。以人为本,从人民群众的意志出发,与市场经济和乡村社会实际情况相结合,打破传统行政村模式,创新基层党组织的覆盖模式,系统有效地进行乡村社会管理和治安维护。

一方面,构建基层党组织网络。党组织在基层民主和管理中具有决定性的作用,依据"群众走到哪里,党的组织就跟到哪里"的原则,坚持把党员吸纳到基层民主和维稳组织中去,发挥党员的"领头羊"作用。对于那些村党组织为党总支的,可以在规模较大、党员人数较多、条件成熟的经济组织中将党支部建立起来,村党组织设置为党支部的,可以设立党小组。将党员吸纳进乡村维稳组织中,建立党组织,建立与基层民主网络一样的机构,村党组织设置为党总部,综合治理小区为党支部,接着是建立综合组并选出组长,调整治安大队党员的比例,最后设立专门的监督部门,定期监察工作实施的情况,召开定期的大会向人民群众汇报。

另一方面,重点培养乡村"能人"。提出党员发展"关口前移"措施,通过实施"关口前移",将大批有能力、有威望、懂经营的乡村能人作为发展党员和村干部的重点培养对象,充分调动起这些乡村能人的积极性和主动性。同时,使发展党员有了可靠的群众基础,从而使朋党化、家族化问题得到妥善解决。把无职党员纳入各类组织体系,发挥先锋模范作用。乡村党建中,广大无职党员怎样发挥作用,一直属于"老大难"的问题。通过构建基层组织网络,将一些无职党员选为党小组负责人或被群众推选为小区长、小组长、村民代表,成为党组织在各类组织体系中的助手。

3."四个覆盖"的实施成效

"四个覆盖"理念的建立和实施,对社会主义新乡村的建设具有重大意义,不仅使党组织与人民的联系进一步加强,还使民主制度得到贯彻落实,对党的精神进行了宣传。除此之外,这种积极的实施成效还在人民的利益、管理的秩序方面有所体现。

(1) 基层民主组织全覆盖,让农民真正成为"当家人"

让农民真正成为"当家人",具体来说,就是让农民对自己的事能够自己说了算、自己做主,选出真正代表民意的代表,严厉打击、抵制为了一己私欲贿赂选民的代表,环环相扣、层层建立科学的、系统的、民主的乡村民主政治机构,民主选举、民主决策、民主监督、民主管理,实现人民的参与权、知情权、决策权、建议权。不仅要在法律政策上赋予人民民主的权利,还要落实到具体的民主实施方法和途径上。建立健全社情民意表达渠道,打造公开透明的平台让人民畅所欲言,发挥人民在社会管理中的主体作用,同时发展各种组织进行监督,使农民关心的问题得到妥善解决,提高行政效率,让农民真正成为"当家人"。

(2) 经济合作组织全覆盖,为农民架起"致富桥"

通过发展农民合作经济组织,土地由分散经营到适度规模经营的新跨越得以实现。将农民各家各户都整合起来,成方连片,不再是之前零零散散的分布区状态,通过集约化生产的实施,使其经济效益得到有效提升,为实现农业的现代化打下了基础。

合作经济组织以特色优势产业为依托,发展特色养殖、蔬菜等,跨村、跨乡、跨县发展,实现了经合组织发展由以行政村为主到以行业为主的新跨越,提高了科技含量,促进了规模化、标准化、品牌化、市场化的发展,增强了农产品市场竞争力。

(3) 综治维稳组织全覆盖,编织农民"保护网"

"3+1"工作机制的实施,真正意义上将横向到边、纵向到底的村级平安网络构建了起来,将预防打击犯罪、排查治安隐患、调解矛盾纠纷等各种工作集于一体,从而使群防群治的工作局面得以形成,乡村社会稳定得到有效维护。

综治维稳组织的全覆盖所起到的作用是非常显著的,例如,使乡村社会管理单元缩小,单位农民人数减少,这就为管理和化解农民矛盾提供了便利。特别是经过老百姓自愿选出的有威望的综治区区长和综治组组长充分发挥贴近基层、面向群众、熟悉情况的优势,对邻里纠纷、矛盾了如指掌,他们靠"老面子"做工作,处理得既便利又快捷,避免和减少了矛盾纠纷的激化,将大量矛盾纠纷解决在萌芽状态。如此一来,小事不出区、组,大事不出村、乡的状况的有效实现便得到了保证。

（4）基层党组织全覆盖，让农民找到了"主心骨"

积极为党员搭建新平台，进一步巩固党在乡村的执政地位，将基层党组织拓展到乡村各个领域、行业，延伸党的作用，促进农民的经济发展、企业的建立。在这些组织中，村党支部组织引导、搭建平台；党员发挥积极性、主动性，起到表率示范作用。转变党在乡村的执政方式，搭建平台让农民自己选择、行动，党只在组织、大政方针上起领导作用。

第二节 乡村治理体制的演变历程

作为一个有着几千年农耕文化影响的农业大国，乡村治理在我国社会有着悠久的历史传统。在不同的历史时期，由于所处的具体环境和条件不同，乡村治理的理念、主体、内容、目的、手段迥异，乡村治理体制也必然有所差异。任何一种乡村治理体制都有其产生和存续的历史平台，需要相应的经济、文化和社会基础。从历史演进的角度看，就性质方面而言，我国乡村治理体制历经了中华人民共和国成立前的统治型，中华人民共和国成立初期至人民公社解体期间的管理型，再到人民公社解体后治理型的转变。

一、传统封建社会的"乡绅自治"体制

在封建社会，历朝历代十分重视乡村治理。不过基于治理能力和成本等因素限制，封建社会统治者形成了"皇权不下县"的传统，习惯于在县以下不设置正式的政权机构，乡村社会长期实行"乡绅治村"体制，主要依靠乡村中在威望、财富、能力方面表现卓越的贤达士绅，以此管理基层的税负、治安等事务，因个人品德、功名、财富而跻身精英阶层的乡贤们，实际掌握着乡村治理的话语权。

在此基础上，以"绅权"为代表的社会自治权力和以"皇权"为代表的国家行政权力共同构成了乡村社会的治理权威来源，以此实现对乡村社会的治理，也即所谓的"双轨政治"。

需要指出的是，乡绅治理乡村社会的权威从本质上说，来源于君授，而非民众委托；以"绅权"为代表的社会自治权力在形式上是独立的，而实质上来源和依附于以"皇权"为代表的国家行政权力。① 因此，"乡绅治理"体制形式上是乡村自治，而实质上是统治者出于利益最大化的目的而对乡村进行控制的手段。

二、民国时期的"保甲制"

随着晚清帝制的终结，封建社会郡县制的乡村治理体制随之终结。民国及近代以来，各种新的乡村治理思潮竞相出现，各种乡村治理模式也被广泛实践探索。当时由于受西方思潮影响，主张推行中央与地方实行分权，地方治权归地方行使，中央对地方只行使指导权、监督权。乡村公共事务治理由本地农民自主决定和处理，不再受制于官吏意志支配，而由本地农民选举人员，组建自治机关或团体，制定自治规章，决议村务，举办乡村事务公共事业等。典型代表有翟城村治和山西村治及梁漱溟开展的乡村建设运动。1928 年，国民党政府完成全国形式上的统一后，推行区村（乡）闾邻制，把乡镇（村）作为区下单位，以原有的自然村落为基础，实行自治性治理，5 户为邻，25 户为闾，闾邻在乡镇（村）指导下实行村民自治。为了基层政权建设，国民党政府又推行"训政"体制，使乡村治理回归保甲制。其间，乡村治理形态一直在自治与保甲制之间徘徊，两者相互渗透、相互影响。

三、中华人民共和国成立初期的"政权下乡"

取得全国政权之前，共产党就在部分革命根据地进行过乡村治理的实践探索。中华人民共和国成立之初，我们党带领全国人民完成了土地改革和三大改造，极大地解放了社会生产力。在农村经济改革方面，党和政府组织农民开展农业合作化运动，由最初的互助组到后来的初级农业合作社和高级农业合作社，这些都是人民公社的雏形。此外，在基层政权建设方面，作为过渡时期的政治安排和基层行政区划的重要组成部分，乡与行政村均成立了人民政府和人民代表大会，作为基层政权机构在农村社会建设中扮演着重要的角色。1954 年《宪法》

---

① 刘刚. 乡村治理现代化：理论与实践 [M]. 北京：经济管理出版社，2020：1.

规定，县以下行政区划分为乡、镇、民族乡，撤销了行政村建制，由乡级政权对自然村实行统一管辖，而村级公共权力由村党支部和上级部门下派的工作组行使，史称"政权下乡"。至此，我国乡村治理迎来了一个新的历史阶段，乡镇作为基层政权机构登上历史舞台。中华人民共和国成立之初百废待兴，鉴于当时面临的形势和历史背景，党和政府在农村设置的政权机构是符合历史潮流的，并在过渡时期乡村社会管理过程中发挥了明显的作用，保证了农村社会的稳定，促进了农业生产的发展，具有一定的历史进步意义。

四、人民公社时期的"政社合一"

1958年，中共中央颁布实施了《关于在农村建立人民公社问题的决议》，自此以后，人民公社制度迅速建立和发展起来。人民公社是一种全能型的体制，它不仅是农村基层的政权机构，还是一种经济组织，负责管理公社内的一切政治、经济和文化事务，"政社合一"是其最显著的特点。人民公社"一大二公"的集体所有制、"一平二调"的资源配置机制、"三级所有、队为基础"经营管理机制集中体现了改革开放前农村管理体制的主要特征。这种制度把广大农民紧紧捆绑在一起，确立了党和国家在乡村社会的绝对权威，维持了农村社会的稳定，巩固了党的根基和国家的政权。此外，人民公社体制有助于最大限度地汲取乡村资源，支持工业化和城市建设，确保国家战略目标的有序实现。

但不可否认的是，人民公社管理体制也导致了生产资料过于集中、平均主义现象严重、农业生产力水平低下，农民生活水平和消费水平偏低。1983年，中央明确了重新建立乡政府、撤销人民公社的任务，之后，人民公社在全国各地陆陆续续被撤销，在中国存在了20多年的人民公社体制也被废止。

五、改革开放以后的"乡政村治"

1978年党的十一届三中全会以后，国家开始把工作重心放在经济建设上，迈开了改革开放的步伐。由安徽小岗村"包产到户"起步，部分农村地区开始实行家庭联产承包责任制，这一改革直接推动了农村经济基础的变化，进而引发了上层建筑的改变，人民公社体制逐渐解体，农村村民自治的民主实践不断探索，由此形成了"乡政村治"的基本治理格局。随着"社改乡"工作的深入开展，国家在乡镇一级建立基层政府，在乡村保留村党支部的领导地位和作用，建立村民委员会，依法实行自治。乡镇政府可以对村委会的工作给予指导、支持和帮助，但不得干预依法属于村民自治范围内的基层事务，由村民民主选举组成的村民委员会协助乡镇政府开展工作。

"乡政村治"基本上符合农村经济发展客观实际，释放了乡村社会经济发展的活力，适应了基层民主发展的客观需求，在一定程度上推动了乡村社会的进步。改革开放40多年来，虽然我国经历了经济社会的剧烈变迁，传统农村工业化和城镇化进程不断加速，但"乡政村治"的乡村治理格局基本保留下来，直到今天依然发挥着重要的作用。"乡政村治"体制的确立，标志着乡村治理体制开始由传统的管理型向现代公共治理型转变。这是我国乡村社会治理的一大进步，意味着国家将乡村治理权力回归给农民和乡村社会自身，农民逐渐获得了经济和政治自主权，这也是实现乡村治理现代化的必然路径选择。不过，该模式也有其一定的局限性，如乡村社会内生动力不足、乡村社会整体自治水平不高、村委会运作缺乏必要的监督等，这些问题都在实践中有待进一步解决。

六、新时代以来的"三治结合"

"三治结合"的乡村治理体系源于我国东部沿海省份浙江，最早是由桐乡探索的一种基层社会治理机制经验，2014年由浙江省政法工作会议推向全省。2017年6月，中共中央、国务院出台了《关于加强和完善城乡社区治理的意见》，强调要注重发挥基层群众性自治组织基础作用，充分发挥自治章程、村规民约在城乡社区治理中的积极作用，促进法治、德治、自治有机融合。至此，桐乡"三治"建设经验真正走向了全国。

乡村法治是乡村治理的基石，能够有效规范乡村治理秩序，捍卫村民切身权益，为乡村振兴保驾护航。乡村德治是通过运用道德的感化和文化的引导作用而实现善治的一种柔性治理方式，能够有效破解乡村发展的道德困境，重塑文明民风、和谐乡风、严格家风，为乡村振兴营造良好氛围。村民自治是基层群众自治的一种广泛形式，是乡村治理的基础。"三治融合"在工作理念上推动实现了社会管理向社会治理转变；在治理主体上推动实现了政府单向管理向政府主导、社会多元主体协商共治转变；在治理手段上推动实现了行政管理为主向行政、法律、道德等多种手段综合运用转变；在治理方式上推动实现了事后处置向事前和事中延伸转变，是新时代乡村社会治理格局的重要创新。

第三节 乡村治理的驱动机制解读

驱动机制对于我国的乡村治理，起到重要的推动作用。因此，构建一套强劲、可持续的驱动机制，是非常重要且必要的，会对我国乡村治理产生积极的影响和意义。

一、乡村治理驱动机制模型的构建

（一）"四位一体"式乡村治理驱动机制主体模式

乡村治理要构建的驱动机制是一种新型的驱动机制，具体来说，就是将政、民、资、学集于一体的"四位一体"式的驱动机制。

"四位一体"式乡村治理驱动机制中，所谓的"政"，指的是以政府为代表的公共部门；"民"指的是农民和民间力量；"资"，指的是资本与企业；"学"指的则是高校、科研院所等各类学术组织。"政民资学"四个部分所承担的重要功能是各不相同的，但是，却是积极互动、共同协作的，是乡村治理运转机制的重要主体。这项机制中蕴含着多个子系统，如确保有效运行的导向机制、约束机制等，这些子系统之间也是互相影响的，共同构成一个有机整体。

（二）乡村治理驱动机制的系统模型

乡村治理驱动机制，本身就是一项规模庞大的系统工程，其所涉及的要素也很多，如自然、人、经济、社会等。

乡村治理驱动机制系统模型，是在通过对主体构成及其驱动力、要素层次及其结构功能等进行相应划分整合的基础上构建而成的。其中的环境因素涉及的内容非常广泛，比如经济、政治、文化、社会、生态等方面范畴；当代农村的整体需求也是多方面的，主要有：村庄治理创新、生态环境良好、乡土文化传承、产业支撑有力、农村社会和谐。这些都会对驱动机制系统起到一定的推动作用，同时，也影响着乡村治理的推进，系统的输入环节便由此形成了。

上面所说的压力，在对驱动主体产生作用之后，各自内在的动力就会产生。它通过现实社会中更为具体的要素（公共政策、资金、科技、文化等）形成作用，一个动态的驱动运行机制便产生了。在环境因素的压力下，驱动主体通过上述要素的具体驱动，输出运行结果，也就是产生乡村治理效果。它通过系统的反馈环节对其中的环境因素产生相应的作用和影响。由此，便最终形成了一个比较完整的乡村治理驱动机制系统模型。

（三）乡村治理驱动机制系统的内在机理

在一个复杂和动态的环境当中，治理的有效性要有一个相互依赖的行动者的互动整合及利益协调机制作为保障。主体间互动与整合机制同时存在于乡村治理驱动机制系统和其内在机理中。不仅涉及农村内部利益，调整的乡村治理还会对整个国家的科学发展产生影响。通常情况下，可以将其内生机理看作一个集体行动问题，可采取多主体合作的网络化治理。任何一个治理主体是否作为以及作为状况，都会对整个网络治理的成效产生一定的影响。对于驱动机制系统的内生机理的完善来说，构建乡村治理驱动主体间互动整合机制有着非常显著的必要性。具体来说，乡村治理驱动主体间互动整合机制的构建途径主要有两个：一个是通过"政民资学"驱动主体对美丽中国理念和思想的学习，建立一致的合作目标和愿景；另一个则是通过主体之间的良性互动，如采取协商、谈判、合作等方式解决冲突问题，对信息共享与合作共赢起到积极的促进作用。

在有效互动的基础上，"政民资学"驱动主体可从不同的层面和不同的维度来有效整合系统中的各个要素，并在驱动机制中使其效率得到进一步的提升。由此，一个以提高驱动主体间互信、协同的较为完善的互动与整合机制便产生了；在具体行动中它们能一起面对风险、承担责任，取得互利互惠的效果。

二、我国乡村治理驱动力及其特点

中国乡村治理驱动力主要有以下几种，每一种驱动力都有其各自的特点，下面进行详细分析。

（一）政府主导的驱动力

目前，在乡村治理过程中，公共部门起到重要的推动主导地位，其所产生的动力是巨大的。美丽乡村是富裕与美丽的和谐统一，外部性收益是整个国家和社会的绿色发展，政府要对它进行有力的推动。农村社会和谐与生态环境良好是推进国家治理体系和治理能力现代化的重要内容。

如何克服现代化发展所带来的人与自然关系失衡问题，如何让广大农民共同分享现代化成果，不仅关系到我国政治稳定与社会和谐，还影响着科学发展和政府公信力。公共部门要承担起职责，通过提供强有力的公共政策，更加有效利用生态环境资源，以整体联动方式推动农村生态建设和综合治理。政府通过城乡统筹发展等方式，在组织发动、规划引领、部门协调、财政引导的基础上，对更多的资源流向农村，以及乡村治理起到积极的推动作用。

（二）农民主体的驱动力

乡村治理的进行，一定要以农民的意愿和主体性为依据，同时，还要对其持尊重态度。从农民的角度上来说，其是乡村治理的主力军、主要受益者，同时也是其他驱动主体的行为监督者。

改善农村人居环境和开展生态文明建设承载着我国农民的新期盼。他们的生态理念已由自发阶段迈向"自觉"阶段，环保意愿与行为也与日俱增。出现这一现状的主要原因在于：现代化进程的持续推进，我国农村已被卷入现代化的浪潮之中，农业面源污染加剧、工业和城市污染向农村蔓延等严峻的环境局面对农民所造成的损害不断增加。这导致为了更好地保护生活家园和切身利益而投入乡村治理行列中的农民日趋增多。生活水平的提高使广大农民对洁净的淡水、清新的空气与绿色食品等方面有着更加迫切的要求。只有充分挖掘和激活农民及民间团体的创造性、积极性，增强集体行动能力，乡村治理的可持续发展才得以实现。

（三）资本引领的驱动力

乡村治理这一举措与市场拉动、资本引领之间是有着非常密切的关系的，要用现代农业体系来改造传统农村，使其动力不足的问题得到妥善解决。绿色发展、和谐社会不仅关系到当代人的生存状况，对子孙后代的发展也会产生深远的影响。我国经济社会生活的各方面已被日趋严峻的农村生态环境问题逐渐改变，受生态环境、社会需求等因素制约越发明显的企业生产经营方式以及资本不断向符合美丽中国理念要求的方向前进。农村不美，城市也不会美。

农村生态经济面临着加快发展的社会需求。乡村环境如果无法及时有效地改善，不仅会使食品安全难以保障，资本也将很难获益更多。受制于社会对"绿色商品"需求的增加，资本逐渐流向迎合绿色发展的方向和领域，以获取稳定丰厚的利益回报；市场准入门槛的提升，促使越来越多的企业秉持绿色发展理念、生产更多完全符合经济转型要求的产品，以获得良好形象、实现可持续发展。通过资本引领等方式汇聚乡村最为紧缺的资源，激活农村原有的要素，对乡村治理与发展起到积极的推动作用。

（四）学术机构的驱动力

学术机构本身就是重要的社会组成部分，其在乡村治理过程中所产生的影响和作用是非常重要且不可忽视的。乡村治理是建设美丽中国的重要任务之一，时代赋予学术机构相应的使命。一方面，学术机构要持续地为其进行理论创新和指导，研发先进实用科技；另一方面，学术机构要培养优秀人才，进行文化传承，增强社会民众的美丽中国意识。离开学术机构的开拓创新，乡村治理工程要想实现有效推进，是比较困难的。尤其是高校，要充分发挥人才培养、科学研究、文化传承和社会服务的功能，如大力培育新型职业农民。作为理论创新摇篮的学术界，只有与"中国实践"接壤，才能更加"接地气"，并将理论思想转化为公共政策服务改革实践。通过亲生态的科技与机制才能实现生态文明取向下的乡村治理目标。

三、乡村治理驱动机制的要素层次和功能特征

主体驱动力通过公共政策、资本、科技、文化等多个要素而产生作用。根据这些要素的特点及其在乡村治理中目前功能的大小，可将它们分为四个层次。每一层次都有其特定的功能特征，具体如下。

（一）第一层次：法律与公共政策驱动

乡村治理，是当代政府的重要职责和任务。法律与公共政策驱动要通过公共部门制定和执行一系列制度，以此来对乡村治理起到积极的促进作用。公共政策与法律在乡村治理过程中所扮演的角色不同。其中，公共政策驱动具有明显的时效性和针对性，主要通过科学的政策安排渐进式地驱动奋斗目标。在乡村治理过程中，当公共政策驱动不足时，就要上升到法治化的高度，使全局性、关键性的问题得到解决，并对政策实践的成功经验予以认可和推广。

（二）第二层次：资金与利益驱动

所谓的资金与利益驱动，就是指发挥金融、资金等要素在乡村治理过程中的作用。市场经济背景下的利益调控，对乡村治理参与主体的行为产生重要影响，这一影响力也波及到了企业。乡村治理是克服"工业化、城镇化"弊端的重要决策，同时也是提升经济竞争力的有力举措。不少因素都能对乡村治理参与主体的利益产生直接或间接的影响，比如较为典型的国家的金融支农政策、生态补偿机制、税费减免政策等。

运用国家强农惠农富农政策和税费杠杆，构建更加公平的利益分配机制。创新金融支农方式，推进生态经济发展，为乡村治理注入强大动力。

（三）第三层次：科技与人才驱动

乡村治理工作的推进，也离不开先进科技和优秀人才所起到的重要作用。其中，先进科技的主要作用是从技术方面，有效支撑经济社会发展方式的转变和农村经济的生态化转型的实现。

现阶段要通过农业科技创新与推广来不断提升资源利用率，减轻农业面源污染。农村现代化的关键是人的现代化，高校要强化农业科技支撑，向社会输送更多具有开阔的视野、市场意识、科技素质与生态文明理念的新型人才。把握现代科技"生态化"发展趋势，把美丽中国的理念融入农业科技进步之中，同时也对生态经济发展起到积极的促进作用。加快健全基层农技推广的多元化体系，充分发挥农科教结合的大学依托型农技推广模式对乡村治理的显著的积极作用。

（四）第四层次：文化与教育驱动

弘扬农耕文明和优秀乡土文化能够积极促进公民美丽乡村意识的形成与建立。农村是传统文明的发源地，文明的乡土文化环境能使乡村治理的效率大大提升。村落蕴藏着丰富的文化景观和历史信息，各地应因地制宜地打造具有历史记忆和特色的美丽村庄。

四、我国乡村治理驱动机制运行中存在的问题

通过对"四位一体"驱动机制特点的分析可以得知，乡村建设在实践中仍然存在着很多问题，其中，较为典型的有以下几点：

（一）互动整合机制不够协调

乡村治理要直面"政民资学"各主体目前处于相对分离、协调联动水平低和利益调整难的状况。就对社会的影响效果而言，民、学的表现不尽如人意，政、资的表现相对抢眼。主体间互动整合机制依然有待改善。乡村治理会对美丽中国的实现产生一定的影响，只有各主体协同配合、有效整合各要素，才能有最大化的效益，这也是乡村治理驱动机制的关键所在。

（二）法律与公共政策体系有待完善

完善的制度体系，是拥有强大推动力的法律与公共政策驱动的重要基础。大力推进城乡一体化背景下，中国的改革与发展面临诸多复杂问题，制定兼顾保护乡村生态环境与推进经济较快发展的公共政策具有较强的挑战性。

当前，规划引领不够、制度执行不力和生态立法滞后等问题都会不同程度地存在于乡村治理过程中。除此之外，目前环境综合整治的相关制度存在操作性不强、配套性不够、系统性不足以及执法不严等问题，也导致政府在有效调控和监管相关主体的生产经营行为方面有着较大的困难。绿色产品市场管理混乱，随处可见标有"环保""有机"等字的商品和宣传，以公共投资带动民间投资，将美丽乡村建设变成"企业行为"。因此，应探索推行跨省区、市场化的生态环境横向补偿机制。尊重自然规律和市场经济规律，构建乡村治理与城镇化发展的良性互动关系，加快促进城乡融合发展。推动农村土地流转和"资本下乡"，大力发展林下经济和现代农业，推动乡村承载的人口与农村市场、环境容量相匹配，使农民富裕起来。

（三）乡村治理参与意识有待提高

乡村治理要注意两手抓，一手要抓"行政性推动"，一手要抓"内源性发展"。一些组织和个人在这方面有自身的观点，认为农村人居环境和田野自然景观问题应该由政府来解决，体现出其乡村治理的主体意识不强，参与水平有限。还有一些村干部和群众有这样的观点，它是政府部门的事，上面拨钱，下面干事，有多少钱，干多少事，在主动性和创造性上较为欠缺。因缺乏生态文明理念，部分组织缺乏对乡村治理与社会长远利益之间关联的考虑。有的组织对乡村治理所引发新的市场机遇、绿色发展带来的消费需求变化等问题认识不足，也会不利于乡村的持续发展。

（四）乡村治理理论的探讨要更加深入

作为我国社会主义新农村建设的积极探索以及乡村治理在农村地区的重要实践载体，当前，乡村治理已成为我国党和政府推进三农工作的重要抓手。然而，当前乡村治理理论体系、体制机制的完善程度还比较低，乡村治理过程中很多方面的问题都还需要进行深入探讨，如利益调整、规划引领、推进策略、产业支撑、支持机制等。学界要结合中国国情大力开展乡村治理理论创新工作，既要从本土实践中提炼出乡村治理机制与经验，也要认真学习借鉴国外在这方面的先进理论资源，以丰富发展乡村治理的理论体系。

综上所述，强劲的驱动机制是推进乡村治理的重要保障。构建乡村治理政民资学"四位一体"式驱动机制，对于更清楚地透视美丽乡村建设的动力来源、关键要素以及相互之间的作用都是非常有利的。除此之外，其对于更好地推进乡村治理也是有积极影响的，另外，从某种程度上来说，这也是乡村治理理论探索的一种积极尝试。

第四节 乡村振兴与乡村治理的关系

实施乡村振兴战略不仅能为我国乡村治理提供良好的政策保障，还能促进我国乡村的可持续发展。一般来说，乡村振兴与乡村治理之间的关系体现在以下两个方面：

一、乡村振兴是实现有效治理乡村的支撑

乡村振兴是事关我国乡村事业发展的重要战略，它属于一个全面的发展体系，这一体系的内容非常丰富，既包括传统的经济与产业发展，又包括目前普遍关注的人才兴旺、组织振兴、生态宜居等。党的十九大提出的乡村振兴战略，特别是"产业兴旺、生态宜居、乡风文明、治理有效、生活富裕"的战略总要求是对新时期我国乡村发展的重要解读。在这一战略的指导下，我国乡村中一些发展不足的方面能够得到有效的治理，从而实现乡村发展的重要目标。

首先，乡村治理目标的实现需要乡村振兴战略的支持。乡村治理的目标主要包括近期目标、中期目标与远期目标三个方面，其中还可以包括经济发展、社会进步、环境治理等具体的目标。无论如何，这些目标的实现都要以乡村振兴战略的实施为前提，以乡村振兴战略为强力支撑。这样才能实现乡村有效治理的目标，促进我国乡村的健康发展。

其次，乡村有效治理目标的实现需要乡村振兴战略作为坚实的基础和保障。乡村有效治理的重要标志是实现法治、德治、自治的有机结合，而乡村法治、德

治以及自治水平的提高，也均要以乡村振兴战略为基本前提。离开了乡村振兴战略，乡村治理的效果就会大打折扣，难以实现乡村事业的全面健康发展。

二、乡村治理是实现乡村振兴战略的保障

当前，我国乡村建设中还存在不少问题，因此加强乡村各方面的治理势在必行。乡村治理不仅是时代赋予我们的一项重要任务，更是实现乡村振兴战略的重要保障。这突出体现在以下两个方面。

一方面，乡村治理涉及乡村建设的方方面面，科学有效的乡村治理是支撑乡村振兴战略实施的重要基础和保障。乡村振兴战略是一个涉及多个方面的综合性规划，从乡村规划的编制到乡村规划的实施，再到乡村规划目标的实现，都需要全体村民的参与，同时也离不开高效的乡村治理。通常情况下，乡村治理水平越高，就越有利于乡村振兴战略规划的实施以及乡村振兴战略目标的实现。

另一方面，乡村治理中的法治、德治、自治可以说是乡村振兴战略实施的重要保障。只有实现法治、德治、自治的乡村以及此方面达到较高水平的乡村，才能顺利地开展乡村振兴战略规划，实现既定的战略目标。通过乡村治理，乡村各方面都能获得不错的发展，如乡村投资环境得到改善，能吸引大的社会企业前来投资；乡村居民素质提高，推动乡村精神文明建设；乡村经济及社会环境的改善能吸引一些成功人士回乡创业等，对于我国乡村振兴与发展具有深远的影响和意义。

第三章 乡村振兴背景下乡村治理的一般路径探索

第一节 乡村产业发展赋能乡村治理

产业振兴是乡村振兴的首要任务，也是中心任务。乡村振兴中产业兴旺的要求体现了我党持之以恒的以经济发展为中心的经济建设思想，又创新性地将经济发展思想实践到农村基层社会。农业作为第一产业，从古至今都是我们国家的民生基础和发展之本。改革开放以来，我国的农业发展取得了长足进步，特别是除绿色优质粮油产品供给水平稳步提升外，农产品流动自由度的扩大、家庭联产承包责任制的推行以及农村劳动力向城市流动的非农化现象等，均表明我国农业农村发展已经突破桎梏并取得了创造性的成就，国民经济发展也持续向好。但在经济发展的同时也造成了许多不可避免的矛盾，如产业结构失衡、城乡居民收入差距扩大等。目前，我国农业产业结构单一、生产要素回报率低、农业产业链延伸不够、土地产权制度不完善等客观现实问题成为农业经济高质量发展的掣肘。鉴于农业要素回报率较低的现实，为增加家庭收入和寻求优质教育资源，大量农业人口脱离农业进城务工，这种社会现象在一定程度上阻碍了乡村社会经济的发展。

鉴于此，党中央十分重视三农问题的解决，创造性地提出了乡村振兴战略，旨在在解决三农突出问题的同时推动城乡融合发展和国家现代化建设。在乡村振兴战略实施的总要求中，党中央把产业兴旺作为战略布局的首要任务，明确指出农业农村优先发展。乡村振兴战略作为解决三农问题的重要抓手，在党的十九大上首次提出。2018年中央1号文件强调了"一个中心"和"七个坚持"，并对乡村振兴战略的实施制定了"三步走"的时间表。《乡村振兴战略规划（2018—2022年）》的制定为乡村振兴战略提出了指导思想和基本原则，明确了发展目标并做出了详细规划。2019年中央1号文件对三农问题做了进一步的详细部署，以确保到 2020 年全面建成小康社会。2020 年中央 1 号文件充分肯定了中央前期所做的重要部署和政策举措，进一步强调今年我们的两大重要任务，即全面建成小康社会和全面打赢脱贫攻坚战。在完成这两大任务后，三农发展的重心会无缝衔接到乡村振兴战略的布局上。由此可见，实现以上目标的关键在农村，高度发展的社会生产力是实现城乡融合的重要条件，乡村振兴战略的安排就是为了弥补乡村发展短板并实现城乡融合发展的目标。产业兴旺是乡村振兴战略顺利实施的关键环节，农村产业发展是实现产业兴旺的必由之路，也是城乡融合发展的基础，这就要求我们要以农业供给侧结构性改革为主线，推动农业一、二、三产业深度融合，全面提高农业全要素生产率，加快推动产业资本下乡的规模和速度，构建加快乡村产业发展的相关体制机制，为乡村产业发展提供良好的外部环境和内在动力。

一、乡村治理与乡村产业发展的逻辑关联

乡村产业发展需要一定的实践场域，毫无疑问，乡村社会为其提供了承载空间。我们必须清醒地认识到，乡村社会不是一个封闭和排他的"独立王国"，而是开放的体系并且是国家社会有机统一的组成部分，同主体社会有着不可割裂的联系。乡村产业发展固然是整个国民经济发展必不可少的组成部分，但在目前仍还是国家发展的短板。我们必须正视这一客观事实，乡村产业发展才不会困于一隅。基于乡村产业发展的社会整体性和国家战略性，对影响其发展的社会环境和要素供给的研究就显得尤为重要。乡村产业的发展依附于乡村社会，乡村社会环境的优劣从根本上取决于乡村治理的绩效。以乡村治理主体为代表的乡村治理要素既是乡村治理的构成要素，同时也是乡村产业发展必不可少的生产要素。所以，讨论乡村治理与乡村产业发展之间的逻辑关系，可以帮助我们更好地理解乡村治理对乡村产业发展的影响。

（一）环境适应逻辑

乡村产业发展需要良好的乡村治理秩序作为基础性外部环境。从已有研究来看，学者们大多关注到了乡村产业发展对乡村社会秩序的影响。有学者认为，乡

村经济的发展必然打破原有的乡村秩序。在市场经济的冲击下,乡村既有的社会秩序会随着人口流动、居民观念变化、国家与社会治理互动而发生变化,进而成为乡村经济发展的阻力。也有学者从积极的方面提出,乡村经济的发展必然会优化原有的乡村治理结构、社会结构,从而促进社会秩序优化。在传统社会,在相对封闭的村社范围内确立社会秩序,是发展和维护小农经济的重要辅助手段。从1949年中华人民共和国成立后到改革开放初期,国家统合成为乡村社会发展的主要特征,并在乡村经济和社会建设中集中展现出来。从改革开放到党的十八大以前,乡村社会的统合特征减少,乡村社会利益的输出不断减少,乡村治理体系持续改善,乡村经济有了较快发展。党的十八大之后,以习近平同志为核心的党中央高度重视乡村治理体系的构建,在乡村振兴战略的统一规划内提出要加强"三治"(自治、法治、德治)相结合的乡村治理体系,促使乡村治理秩序构建与乡村产业发展形成有机衔接。由此可见乡村产业发展和乡村社会秩序关联的密切。

乡村社会秩序的塑造为乡村产业发展提供了社会基础和成长环境。通过法治和自治构建的乡村社会秩序,促使乡村社会各组成部分按照统一的制度规范运转。无论是村民还是村庄组织,其行动的客观效应都显示了对乡村持续发展的推动。从产业发展的角度来看,乡村产业发展需要占用大量的乡村资源,相应的经济组织与村民生活地域相近,其日常运转必然同村庄公共组织、村民产生联系,这种联系可能是因租用耕地、水面、森林等村庄集体资产产生的租借契约联系,也可能是因雇佣村庄居民产生的劳动契约联系,还可能是因日常生产中的运输、排污等过程与村民生活空间产生的伴生交叉联系。对于生产经营者而言,倾向于将这些联系规范化、有序化,以减少同村庄和农民的沟通成本,减少环境变动产生的生产停顿、生产成本增加而导致的损失,这就需要村庄内部保持良好的治理秩序,使村民和村庄组织处于适宜的治理规则之下。可见,乡村产业发展客观上要求乡村维持和谐、安定的乡村社会秩序,以提升产业发展效率。

(二) 主体耦合逻辑

产业兴旺是乡村振兴战略的重点任务,实现途径主要是发展乡村产业。乡村产业发展以农业供给侧结构性改革为主要着力点,通过构建农业三产融合的产业体系,以达到增加农民收入、改善农民生活条件、缩小城乡居民收入差距等目标。由此可见,乡村产业发展必须以农民为主体,积极调动农民参与产业发展的积极性,构建由农民主要参与、以农业为主体的涉农产业深度融合的乡村产业发展体系。乡村产业发展要实现农业发展、农民增收和农村宜居的目标,必须以农民为主体,充分尊重和发挥农民的主体性作用,在产业发展中体现出以农民为中心的人本思想。

人的主体性主要体现在社会实践中,并在社会实践中不断得到认可和强化。农民主体性的发挥也是如此。乡村产业兴旺通过发展乡村产业而实现,所以,在乡村产业发展的社会实践过程中,必须充分重视农民参与的重要性。乡村振兴战略的实施是为了实现农业强、农村美和农民富的目标,产业兴旺是其实现的前提。在产业发展过程中,需要资本、劳动力、土地、技术等生产要素的投入,无论是在乡还是返乡的农民参与产业发展,都是提供充足劳动力发展产业的必要条件。土地是经济发展的客观条件,建设用地属于农村集体所有,离不开农民的决策和参与。在乡村社会,土地问题历来复杂棘手,因为土地产权制度改革尚在进行中,农村土地问题错综复杂,在乡村产业发展过程中遇到的土地问题最终仍需同村委会、村民代表或村民代表大会协商解决。作为乡村治理主体的村民是乡村产业发展的参与者、利益相关者,也是农业企业发展依靠的主要力量。当然,随着经济社会的发展以及乡村治理实践的丰富,乡村治理主体逐渐多元化。根据《中华人民共和国村民委员会组织法》可知,乡村治理的基本原则就是要实现自我管理、自我教育和自我服务,核心的治理主体依旧是广大村民。有效的乡村治理可以调动农民参与产业发展的积极性,为乡村产业发展提供良好的社会环境和生产资料的稳定供给。

(三) 践行规制逻辑

乡村振兴中的产业兴旺,是一、二、三产业的综合兴旺,但最大的基础和依托是农业。产业兴旺是实现农民持续增收的重要前提,实现产业兴旺的途径是发展富民乡村产业。2020年3月,农业农村部在提到前期在农村培育的"龙头企业"时，明确指出这些"龙头企业"发展还不足，"带兵"能力还不强，还未形成有竞争力和辐射效应的产业集群。诚然，在乡村产业发展过程中，产业发展需要一定的周期方可产生致富效应，我们也必须清醒意识到在乡村产业发展过程中，还需要得到县、乡、村三级政府在乡村治理工作体系建设方面的支持。

在乡村振兴战略实施过程中，乡村产业的发展涉及土地、政策、制度、环境、农产品供给等诸多因素，这就需要相应的制度和工作体系与之相匹配，为培育新型农业经营主体、优化调整农业产业结构、有效开发农产品、保护企业家合法权益"保驾护航"。是否促进农民持续增收是衡量乡村产业发展的一个重要指标，因为农民既是加快乡村产业发展的重要生产要素之一，又是乡村产业发展的最终目标指向。乡村产业发展面临手续审批、服务、执法等一系列问题，需要根据市场需要，在统筹规划的范围内有序发展。县级行政部门相关政策的制定和产业发展规划，对乡村产业发展的影响是最直接以及效用力度最大的。乡镇政府作为基层服务的运行中心，更是肩负着服务各农业经营主体并规范其行为的职责。

由此可见，乡村产业的发展同时受到县乡村三级政府政务效率的影响，这就要求我们建立县乡村三级联动的乡村治理工作体系，以便为乡村产业的发展提供更好的内外部发展环境。乡村社会不是一个"独立王国"，它是一个开放的基层社会体系，同时也是国家社会的有机组成部分。所以，随着乡村治理理论的不断拓展和治理实践的进一步深入，我们不难发现，乡村治理的主要行为发生在乡村空间，但其工作体系具有多元性，包括乡村两级行政部门，三级联动共同构成了乡村治理的工作体系，以"四个自我"（自我净化、自我完善、自我革新、自我提高）为主体进行实践化、制度化和常态化的治理活动。县级政府主要落实的是领导责任；乡镇一级主要负责服务、审批、执法等，搭建为农业农村发展服务的统一治理、服务平台；行政村则是最基层的治理单元。由此可见，乡村产业发展与县乡村三级工作体系都有着很强的相关性，这迫切要求建立健全县乡村三级联动的乡村治理工作体系以及与之相匹配的规章制度。

二、优化乡村治理要素推动乡村产业发展

有效的乡村治理可以激发乡村活力，促进乡村产业发展。乡村产业兴旺作为

乡村振兴战略的前置性任务,对我国加快社会主义现代化进程具有关键性支撑作用,所以我们要通过改善、优化和提高治理要素的效能,促使乡村治理能够更好地服务于乡村产业发展。

(一) 吸引治理主体回归乡村

有研究表明,乡村劳动力特别是青壮年劳动力的流出态势在短期之内无法得到根本性缓解,这主要是因为劳动力要素回报率较为低下,在一定程度上取决于农业产业的发展滞后、农业生产要素回报率低于产业平均回报率水平的现状。[①]站在经济人的角度考虑,这种追求劳动力要素回报最大化的理性选择无可厚非,然而,乡村劳动力的长期流失不利于美丽乡村建设和"农业强、农村美、农民富"目标的实现,更不利于缩小城乡差距和农业产业融合发展。在新乡村社会发展过程中,要鼓励和支持有才能、品德好的青壮年参加村委会选举成为村治能人,为想干事的村治能人提供机会、搭建平台。乡村社会要发展,一定要有村治能人来带领,因为他们有理想、有抱负,可以为村庄发展贡献自己的智慧和才能。乡村产业发展也需要有经济发展头脑的村治能人带领村民发展集体经济,他们可以充分挖掘村庄潜在资源和农产品特色,助力发展特色农业并壮大"一村一品"发展格局。在发展和壮大乡村产业的过程中,村治能人也可以实现自己的政治抱负,彰显自身社会价值。另外,乡村自治秩序的完善还需要广大村民的参与,仅依靠村治能人还不够,还必须引导和吸引农民工返乡创业和"家门口就业",在积极投入村庄建设和村庄公共事务管理的同时增加非农收入。在加快乡村产业发展进程中,基层政府需要引导村治能人不仅要站在提高劳动力回报率的角度来吸引村民返乡创业并参与乡村产业发展,更要以主体的身份参与乡村治理和产业发展。

随着经济社会的发展,社会分工日益精细化,乡村产业发展的过程也是乡村社会利益重新分配的过程,各社会层级及相关利益主体都参与其中,形成了乡村

[①] 徐朝卫. 新时代乡村治理与乡村产业发展的逻辑关系研究 [J]. 理论学刊, 2020 (3): 85~92.

治理主体多元化格局。在治理主体范畴不断扩大的同时，增加了各方参与乡村治理的可能性，为乡村社会实现"善治"汇集民众的智慧和力量。发展乡村产业从根本上讲就是要重新调整人与人之间的利益关系，乡村产业发展本身就是乡村治理主体扩大化的集中表现，而吸引乡村治理主体的回归更是为乡村产业发展提供了先进的生产要素和不竭动力。

（二）培育和发展乡村经济组织

作为乡村治理体系中的另外一个关键因素，各乡村社会组织将农民个体用组织的形式结成网络联合起来，构成了乡村治理的基础。基层党组织和村民委员会一般被认为是乡村社会的正式组织，基层党组织发挥核心作用，村民委员会对村庄公共事务和公益事业进行组织和实施。除此之外，随着村民自治的践行和经济社会的发展，乡村社会中逐渐衍生出一些"草根组织"，如乡贤参事会、红白理事会、乡村经济合作社等，特别是各类农村经济组织的培育和发展对乡村产业发展具有重要的促进作用，它们在为乡村产业发展提供经济基础的同时，还承担着产业"孵化器"的功能。

培育和发展形式多样的乡村经济组织，对激发乡村经济活力，促进农村一、二、三产业的融合，实现乡村产业兴旺具有重要的意义。农民合作经济组织作为乡村经济组织的典型代表，是经济社会发展到一定阶段的必然产物，在复杂的经济社会环境中已经逐渐成熟起来。农民合作经济组织在嵌入乡村社会治理的进程中不断成长壮大，其积极作用将会随乡村社会治理发展及其功能彰显而加强。并且，农民合作经济组织是乡村产业发展的一种初级形式，导源于农民增收和发展乡村经济，是实现乡村产业兴旺的重要途径。农民合作经济组织的发展，需要基层政府为其提供公平竞争的环境，以鼓励经济组织的成立并给予激励和引导。村两委在村庄内部为其营造有利的发展环境，助力经济组织的成长壮大，倡导经济组织发展同乡村生态环境协同发展。鼓励村民积极参与专业技能培训，营造有利的学习培训环境以提高经济组织的劳动产出率。各专业经济组织力争做强、做大，并积极探索"公司+农户""合作社+农业"等经营模式。对有集体经济的村庄，一定要做到产权明晰、运行规范、集体资产管理透明，村"两委"要积极面对集体经济发展过程中遇到的困难和发展瓶颈，消除消极怠工的本位主义，为集体经济的发展和壮大寻找"良方妙药"。农民合作经济组织作为乡村社会组织的重要组成部分，是乡村治理主体之一，对乡村产业的发展具有重要的催化作用，需要在乡村治理进程中积极引导其组织载体作用的有效发挥。

(三) 完善制度建设

美国学者亨廷顿把制度理解成为一种行为模式，这种行为模式可以理解为一种行为规范，是在一定社会关系下产生的一种规范行为的模式。制度也被理解为社会运行规则，被界定为一种社会规则、一套规范体系。在现实生活中，制度包括正式制度和非正式制度，正式制度包括以法律条文为主的国家法律体系、以政府为主体制定的政策体系以及企业制定的规章制度等约束性很强的行为规范。非正式制度则包括各地的习俗、道德公约（村规民约）和行为准则等，这些共同构成了制度的概念范畴。在乡村治理过程中，制度对乡村治理发挥了重要的保障作用，规定了各治理主体可为和不可为的界限。从制度功能上来讲，正式制度的规定是自治秩序和法治秩序的形成基础，非正式制度的构建则是德治秩序形成的共同价值取向。

产业兴旺是要解决乡村经济问题，解决的途径就是要大力发展乡村产业，通过产业的发展来实现乡村经济发展、农民增收、产业融合、城乡融合等系列问题，这本身就是制度设计的体现。改革开放40多年来，我国经济总量快速增长，同时也伴生了许多社会问题，集中表现为人民日益增长的美好生活需要和不平衡不充分的发展之间的矛盾，这种不平衡和不充分在乡村社会表现得更为突出。为了解决以上问题，国家做出了实施乡村振兴战略的制度设计，并取得了突破性进展。今后，在乡村产业发展上应进一步加强正式制度（政策、法律）的制定和偏向，中央、省、市、县、乡五级政府同时发力，为乡村产业发展提供一个良好的制度环境，为其发展提供制度保障。与此同时，着力加强乡村社会非正式制度（乡规民约、村民公约、道德规范、行为规范等）的构建，为乡村产业发展提供具有浓厚人文关怀的道德保障。

(四) 完善基层党组织建设

新时代必须坚持和加强党的全面领导，这是历史的必然和人民的要求，在乡村社会的具体工作实践中，则表现为基层党组织对乡村社会工作的全面领导。基层党组织首先要加强对各类社会组织的领导，如村委会和各类村民自发组织，其中就包括对乡村经济组织的组织领导和政府引导。全面建成小康社会目标的实现、乡村振兴战略的有效实施、社会主义现代化的建设等都离不开基层党组织的坚强领导，基层党组织的领导既是乡村产业兴旺的基本前提，也是实现该目标的根本保障。目前，基层党组织存在组织领导力弱化、领导方式行政化、党组织生活形式化、党员结构老龄化等突出问题，不但严重制约了公序良俗的形成，而且缺乏对乡村产业健康发展的组织力、引领力和号召力。

其次，要提高农村党组织带头人的素质和改进工作方法。农村基层党组织带头人要加强学习，努力提高自身业务水平，同时要有担当精神和责任意识，把乡村治理和乡村产业发展当作解决农村问题的重要抓手，要发扬奉献精神，不计较个人得失。在工作过程中，要避免行政命令式的工作方法，依靠群众，培养良好的干群关系，为乡村产业发展提供良好的乡村秩序。要加强对驻村党员和流动党员的管理，构建良好的选拔吸收制度。常驻农村党员要定期召开组织生活会、开展民主测评等活动，对外出务工经商的党员要建立完善联系制度，确保党组织对广大农民党员的有效管理，引导优秀党员返乡创业，为乡村产业发展注入活力。基层党组织是乡村发展的核心，要发挥基层党组织的战斗堡垒作用，必须建立一支充满活力和富有责任感的党员队伍。必须建立完善科学合理的选拔吸纳制度，通过民主选举选出有锐气、有担当、勇作为的党组织带头人，积极吸纳优秀的青壮年加入党组织，为乡村产业发展提供坚强的力量保障。

第二节 乡村旅游助推乡村治理

一、乡村旅游的基本分析

(一) 乡村旅游的概念理解

乡村是相对城市而言的一个地域概念，城市以外的一切地域都可以称之为乡村，它是一个地理单元，不仅包括一个辽阔的空间，还包括这一空间内所有的综合实体。我国是一个农业大国，有着大量的农业人口，乡村如何发展将直接影响到我国的社会主义现代化建设。

乡村旅游是以旅游度假为宗旨，以村庄野外为空间，以人文无干扰、生态无破坏、以游居和野外行为特色的村野旅游形式。以往乡村旅游是到乡村去了解一些乡村民情、礼仪风俗等，也可以观赏当时种植的一些乡村土产（水稻、玉米、高粱、小麦等）、果树、小溪、小桥及了解它们的故事。旅游者可在乡村（通常是偏远地区的传统乡村）及其附近逗留、学习、体验乡村生活模式的活动。该村庄也可以作为旅游者探索附近地区的基地。乡村旅游的概念包含了两个方面：一是发生在乡村地区；二是以乡村性作为旅游吸引物，二者缺一不可。

不可否认，乡村旅游能在一定程度上推动农村经济的发展，但是我们不能将其视为经济手段，从本质上来说，乡村旅游是为构建乡村理想家园服务的，它应当是建设新农村的一种文化手段，是人类心灵栖息地的天堂。乡村旅游的动力模型指出，乡村文化是发展乡村旅游的原动力，乡村文化要从整体文化意象上区别于城市文化，这就要求组成乡村文化意象的每个元素都要具有乡村文化的内涵和特点，乡村旅游的生命力也来源于此。

(二) 乡村旅游的常见类型

标准和依据不同，乡村旅游的类型也就不同。从结构上来分，乡村旅游主要分为观光种植业、观光林业、观光牧业、观光生态农业等几种类型；从功能上划分，乡村旅游可以分为观赏型、品尝型、购物型、务农型、娱乐型和度假型等几种类型。综合诸多学者们的观点，本书将乡村旅游主要分为城郊型、村寨型和景区依托型三种类型。

1. 城郊型

城郊型，就是指依托大、中城市，以城市居民为主要目标市场，利用都市郊区相对良好的自然生态环境和独特的人文环境、地理优势和便利的交通条件而开展的乡村旅游活动。这一类型可以说是我国乡村旅游的主要形式之一。有很多的城市居民在节假日及休闲之余都倾向于去往周边的乡村去放松身心，参加各种形式的乡村旅游活动。这一类型的旅游资源比较丰富，主要包括农村聚落景观、现代科技农业景观、农业观光园等，对广大的游客具有较强的吸引力，受到他们的青睐。

2. 村寨型

村寨型主要是依托特色村寨及其群落的乡村来开展各种旅游活动。伴随着现代社会的不断发展，乡村旅游市场也得到了极大的拓展，在休闲之余，人们都希望置身于优美的田园风光和秀丽山水间，获得身心的放松。因此，拥有传统的旅游活动与田园风光的村寨就成为人们重要的选择。

在我国有一些偏远地区，仍然保留着比较原始的传统农耕文化和民族习俗，这些带有极强的历史色彩的文化受到旅游爱好者的青睐和追捧，这些地方也成了旅游爱好者的游览胜地。在这样的背景下，村寨型的乡村旅游得到迅速发展。

3. 景区依托型

景区依托型也是乡村旅游一个重要类型，这一类型的乡村旅游也受到人们的欢迎和喜爱。景区依托型的乡村旅游主要是依托大型景区在市场上的知名度，以景区游客为主要目标市场而开发与设计的旅游活动。这一类型的乡村旅游保存着很多乡村的原生状态，能给旅游者带来丰富的、新鲜的旅游体验，因此拥有着良好的发展前景。

我国地大物博，有着丰富的自然资源，其中大部分的风景名胜区都处于乡村的包围中，这为周围乡村的居民带来了经商的契机。为了保证景区发展的环境，又能满足广大游客的旅游需求，景区依托型的乡村旅游就这样诞生了。景区依托型也是我国乡村旅游的重要类型。

（三）乡村旅游的功能体现

乡村旅游是一项综合性非常强的产业，其发展对于我国乡村振兴，乃至整个国民经济的发展都具有重要作用。乡村旅游的功能也是非常多样的，这突出体现在以下几个方面。

1. 游憩与休闲功能

乡村旅游能为广大的游客提供大量的绿色休闲活动空间，人们在乡村旅游观光、度假休闲中能充分享受到大自然美丽的风光，接受身心的洗礼，从而获得愉悦的身心享受，这就是乡村旅游的游憩与休闲的功能。这也是乡村旅游一个最为基本的功能。

2. 促进社会经济发展的功能

乡村旅游还具有重要的经济功能，通过乡村旅游活动的开展，乡村绿色农业得以发展，同时还大大增加了农村的就业机会，提高了农民的收益。由此可见，乡村旅游的经济功能非常突出。

具体而言，乡村旅游的经济功能主要体现在以下几个方面。

第一，乡村旅游可以调整和优化农业生产结构，扩大农业生产范围，提高农产品附加值，加快农业劳动力转移，使农村走上农业产业化、农村市场化的道路。除此之外，乡村旅游的发展还能为乡村的招商引资提供更好的条件，为广大乡村居民带来巨大的实惠。

第二，乡村旅游主要是利用各种农业自然环境和人文资源打造一个适合人们观光休闲旅游的度假园区，这样的旅游园区不仅能够高效发挥农业生产功能，还可以发挥农业的生活功能和生态功能，促进农村经济的繁荣与发展。

第三，乡村旅游还能为广大的农民提供大量就业机会。农村旅游涉及的行业非常多，如农家乐经营、种植业、养殖业、运输业等，这些行业都需要大量的劳动力，为广大农村居民提供了广阔的就业平台，解决了农村剩余劳动力问题，这对于社会主义新农村的建设和社会的和谐稳定都具有重要的作用和意义。

3. 促进环境保护的功能

促进环境保护也是乡村旅游的一个非常重要的功能。一个良好的生活环境和人文环境是吸引游客的重要条件。设想一下，如果一个乡村旅游目的地的环境非常糟糕，处处都是生活垃圾，是很难吸引游客前来参与旅游活动的。因此，为吸引广大的游客前来参加乡村旅游活动，就必须要重视乡村环境卫生，提升乡村环境品质。由此可见，乡村旅游具有重要的改善乡村环境和保护环境的功能。

4. 促进文化发展的功能

我国地大物博，各地区之间存在明显的文化差异，不同的乡村都有自己与众不同的特色，这是吸引广大游客参与乡村旅游活动的重要原因。因此，通过乡村旅游的发展，能更好地传承与推广乡村文化。在乡村旅游发展过程中，很多乡村都会创造独具风格的农村文化资源吸引游客的到来，这对于促进社会文化的繁荣与发展具有重要的意义。

5. 放松身心的功能

放松身心也是乡村旅游一个重要的功能，这一功能主要是针对广大的游客而言。参与乡村旅游的游客大多数都是来自城镇的居民，他们在平时的工作和学习中往往面临着巨大的压力，紧张的情绪弥漫在日常生活之中，而通过参加丰富多彩的乡村旅游活动，他们的身心都能得到缓解与放松，生活压力也得到减轻。因此说乡村旅游具有重要的放松身心的功能。

6. 健康教育的功能

乡村旅游还具有重要的教育功能，这一功能主要体现在以下两个方面。

一方面，城镇游客的文化素质相对较高，其文明的语言和行为举止能对农村居民形成一定的影响，农民群众在接待游客的过程中，还能学到关于卫生、医疗、金融、法律等方面的知识，从而提高自身的综合素质。

另一方面，通过乡村旅游，城市居民能更加深刻地认识到我国农业与农民的发展，获得深刻的农村生活的体验和以前从未接触过的农业知识，从而丰富自己的知识结构体系。

二、乡村旅游与乡村治理的双向互动

乡村旅游和乡村治理，是一种从战略推进的动态过程，是对新时代乡村"集体人格"积淀的重要途径，是重建乡村文化自信的关键。

（一）乡村旅游与乡村治理是乡村振兴的重要组成

乡村旅游是乡村振兴战略执行的重要途径。乡村旅游是以乡村生态资源、乡风民俗等为吸引点而形成的一种旅游活动，有赖于其独特的乡村景观环境和乡愁记忆。乡村旅游的盛行，一方面带来了乡村消费，有效提升了农业产业附加值，为当地农民增加收入；另一方面改善了产业结构，深化了农业供给侧结构性改革，为乡村提供了良好的基础支撑。

而乡村治理是乡村振兴战略执行的必要保障。乡村治理一方面是指乡村环境的有效治理，另一方面是指乡村社会制度的管理。随着乡村经济的不断发展，农民身份的转换更加频繁，经营组织更加多样，社会模式也更加复杂，"治理有效"需求的迫切性更加突出，因此只有百姓安居乐业，才能保障经济活动的顺利进行，实现乡村振兴的有利局面。

（二）乡村旅游是推动乡村振兴的发展动力

乡村旅游是乡土文化传承与发展的重要手段，是有效推动中国乡村"产业兴旺"的有效途径。乡村的旅游资源是包罗万象的，可从住宿、农田、饮食、风景、农产、民俗等不同的维度入手，通过赏乡景、住乡居、品乡风、购乡物等一系列乡游活动，真正实现乡村资源价值、塑造乡村个性产品。

乡村旅游能有效盘活乡村劳动力，真正让农民通过经营一份事业，获得稳定的收入，摆脱基层劳作的辛苦。例如，杭州西湖区的龙坞茶镇在 2015 年以前，还是一个隐居深山的小茶村，家家户户分散运营、自产自销，龙坞茶农面临着茶的品牌劣势、销售瓶颈等问题。随着乡村旅游、产业扶持等乡村振兴项目的组织建设，龙坞茶镇依托自身万担茶乡、西湖龙井最大原产地保护区的优势，开发龙坞茶文化旅游，推出茶山民宿、茶园骑游、采茶研习等茶特色体验，不仅宣扬了龙坞传统的采茶生活场景，还引进了茶科研、茶交易、茶酒店、茶道研习等茶的相关业态，更是吸引了中华茶奥会、中国国际茶博会两大盛会落户，使龙坞茶农有了丰厚的收入，也使龙坞茶镇发生了翻天覆地的变化。如今，龙坞茶镇成功被评为国家4A级景区、省级小城镇环境综合整治样板、中华茶奥会永久举办地，形成了集茶产业、茶文化、茶生活于一体的休闲胜地。

(三) 乡村治理是乡村振兴战略的先决条件

乡村治理是实现乡村振兴的先决条件，乡村污染情况形势严峻，治理工作迫在眉睫，基于乡村发展情况的不同，治理工作也存在较多的盲点，如何治理、如何引导村民参与治理是需要解决的问题。乡村治理是进行乡村发展的前提，一个乡村如果连环境问题都没有解决好，那么就很难谈接轨现代社会，从而发展乡村旅游。同时，基于村民自治的现状，在以法治为保障的前提下，强化德治内涵，引导村民自我治理和自我规范，推行乡村"善治"是非常有必要的。在实际的工作过程中，需要做到以法治为保障、以德治为基础、以人才为动力，切实解决乡村治理这一全局性、历史性的三农问题。这需要以当地政府为抓手，拓宽治理资源，稳固治理抓手，将乡村治理中的痼疾顽症解决好，尤其是对一些"高价彩礼""混混儿执法""食品劣质""垃圾围村"等问题，进行系统性、针对性的治理。

同时，如果想发展乡村旅游，切实整治乡村人居环境是非常有必要的，积极加强乡村基础设施建设、房屋改造和整体规划，也应当成为乡村治理的重要组成部分。此外，还要促进乡贤回归，以人才优势注入发展新动能，鼓励青年人回乡创业就业，给乡村发展带来广阔的视野。人才是乡村振兴的第一资源，尤其是很多在城里待过的年轻人，更懂得城市居民到乡村游玩的喜好，更能定向地设计文化旅游，同时，还能根据游客的心理需求和审美需求进行乡村本地房屋的改造。

总之，要着力解决三农问题，坚持落实乡村振兴战略，就要盘活本地产业。休闲农业观光旅游服务和民俗文化旅游产业是乡村文化旅游和乡村治理的重要发展方向。基于旅游产业发展产生的理念转型，在世界范围内广泛发生，并成为乡村当地旅游业发展的新机遇。乡土特色和旅游服务有着必然价值的联系，具有相似的社会文化元素。从乡村振兴的角度来看，乡村旅游资源的开发利用、创造性转化和创新发展，是乡村振兴战略的重要组成部分，并能有效形成发展合力，对促进农民就业、增加当地居民收入、美化乡村生活环境、提高农民素质有重要作用。

三、乡村旅游助推乡村治理的深入探究

（一）乡村旅游发展对传统乡村治理带来的影响

经济生活的变化，特别是经济发展水平的变化可以导致相应的政治生活的变化，为政治生活带来影响。因此，乡村旅游作为乡村经济发展的重要因素，在推动经济发展水平的同时，也相应地导致乡村政治生活的变化，即推动了中国乡村从以地缘关系与亲缘关系为主要特征、以村民身份为基础的传统治理向以开放为特征、以公民身份为基础的现代治理发展。

1. 乡村旅游发展打破了乡村的地缘关系与亲缘关系，让乡村从封闭走向开放

经济的发展本身会推动人口与资本的流动，但是这种流动也仅仅是从贫困落后地区向富裕先进地区的单向流动，人口与资本不是从城市流入农村而是在城市与城市之间流动，正如进城务工的农民不愿回到落后的农村一样。因此，在一般市场经济发展过程中，如果没有国家、政府的助力，乡村不但会维持原有的封闭落后，而且还会随着贫富差距的分化加大而越来越封闭落后，这也是为什么国家经济发展了，城乡差距却进一步拉大的原因。

乡村旅游的发展却能够成为改变这一现象的重大导因：第一，发展乡村旅游推动了人口在城市与农村之间的双向流动。随着旅游的发展，游客从城市涌入乡村，体验乡村的田园风光。第二，乡村旅游发展推动了资金从城市向农村的流动，外来资本投入乡村旅游发展中，推动了乡村经济与外部市场经济的联系。乡村逐渐被整合到一个全国性的经济共同体中去，村民的眼界也逐渐广阔并且提高。在同外部世界的比较中，原来的"乡村精英"们的光环逐渐褪去，村民与外部有了经济的、文化的和人际上的广泛交往。随着城乡交流的加剧，乡村地缘关

系的封闭性被打破,而开放的地缘逐渐导致的是对亲缘的淡漠,乡村从封闭走向开放。

2. 乡村治理的开放特征包括法律准则、公民意识和身份转变

(1) 公民意识与公民身份的转变:从村民到公民

公民意识是社会意识形态的形式之一,它是公民对自身的政治地位和法律地位与应履行权利和应承担义务的自我认识,作为社会政治文化的重要组成部分,公民意识集中体现了公民对于社会政治系统以及各种政治问题的态度、倾向、情感和价值观。公民意识的内涵很广,主要包括参与意识、民主意识、法律意识等。公民的参与意识,主要是指公民作为政治共同体的成员,具有积极参与(包括直接参与和间接参与)公权力运行的主人意识,实质上也是一种实践权利的意识。参与意识与民主、法治意识紧密相连,只有在参与中,公民才能切身体会自己的权利和义务,并逐渐形成理性的参与意识。政治参与也能够较快地培养公民的民主和法治意识,因为公民存在的前提是民主政治,所以民主实质上也是公民参与意识得以表达的至上境界;民主还意味着公民能够以公共利益为上位利益,接受民主基础上的集中,以便达成合意。

公民意识的养成是由深层次的经济原因决定的。马克思主义认为社会存在决定社会意识,但过去人们把社会存在主要归结为生产方式的观点是不全面、不准确的,社会经济发展的三形态(或三阶段)对人们的意识有决定性影响。小农经济是以人的依赖关系为基本特征,它是权力集中、人身依附关系,与此相应的是"人治"等级观念;交换经济(马克思虽然没有使用市场经济的概念,但实质上已经揭示了市场经济的本质和规律)是以物的依赖性和人的独立性(人依赖于物的价值形态——货币,但人的人格是独立的、自由的)为特征。乡村旅游的发展带来人口与资本的流动,带来了交换,而交换既是破除自然经济即人身依附关系的利器,又是形成独立、自由、平等的基础与前提。在中华人民共和国成立之初,我国从原来经济落后的自然经济、半自然经济基础上建立起来的计划经济,超越了市场经济阶段,实质上是现代经济(世界范围内)条件下放大了自然经济,从而在很多方面不自觉地把自然经济基础上形成的某些观念当作社会主义的意识来坚持。自改革开放以来,我国逐步建立社会主义市场经济体制,把市场经

济体制写进党章与宪法有近三十年时间，对于现代市场经济发展过程来说只是短暂一瞬，从这个意义上说中国农民缺乏公民意识是十分自然的。公民身份是公民意识的基础。所谓"公民身份"是指个人在特定民族国家中所获得的成员身份，这种身份正是通过享有与承担为该民族国家的法律所正式确定、具有普遍性和平等性的一系列权利义务来使公民身份是国家承认的一种具有普遍意义的、无差别的身份。而现代公民身份的研究是以 1949 年 T. H. 马歇尔（T. H. Marshall）演讲的《公民资格与社会阶级》（Citizenship and Social Class）为始端的。马歇尔认为，公民资格是通往各种权力与权利的一种地位，它主要由三种权利组成，那就是法律权利（civil rights or legal rights）、政治权利（political rights）和社会权利（social rights）。

与前文中的村民身份相对应，公民身份是一种国家共同体中正式成员的地位，公民的权利最终由国家赋予并给予保障，个体身份定义只能是国家，与公民资格相关的是公民权利。与村民权利的高度排外性相比，公民权利特点表现为法定性、普遍性、平等性三大特点。法定性——权利（实体权利与程序性权利）都来源于国家法律的规定而非村庄的地方规则，普遍性与平等性即共同体内每一个人，无论是村民还是外来的投资者不分性别、阶级、职业等都同等地享有公民权利，再无其他的身份界定足以挑战国家规则。公民身份的实质在于公民权利是无条件的，只要取得了特定国家的公民身份，就享有同该国公民一样的权利。而小农意识与公民意识的最大区别就在于：前者只顾作为村民的个体而不顾他人，而后者既顾个体利益又特别注意社会公德。

落后封闭的传统乡村缺乏培育公民意识的土壤，村民也不能真正参与到旅游发展中。通过后文对旅游社区参与的分析，我们会发现公民意识中的民主意识、参与意识与社区参与中的"参与"具有相同的内涵，甚至社区的"参与"与"民主"也同宗同源。在前面所论述的小农经济下形成的孤立分散、愚昧无知与封闭保守的小农意识氛围中，村民不会贸然接受公民意识，因为小农意识的特点是排外的，这又源于小农经济的排外性。从小农意识向公民意识的转变，条件不乎外两个：一是外部条件，即国家是否从法律制度层面上推动公民意识的养成（因为公民意识归根结底是一种政治意识）；二是村民自身的意愿与条件，有没有积极转化的意愿与能力，即他们想不想、能不能。对于第一个条件，我们国家通过村民委员会这一自治组织形式，在政治制度上实现对基层村民生活的参与及其民主权利的鼓励与保障。根据我国宪法，农村居民按照其居住区设立村民委员会，作为农村自治的基层组织，国家还制定并颁布了《中华人民共和国村民委员会组织法》，各省市自治区也实施了《中华人民共和国村民委员会组织法》等，从而保证村民委员会选举的合法性与公平、民主性。第二个条件，即乡村旅游经济等的发展推动了村民的参与意识的养成。如前文所述，旅游发展推动封闭的乡村与外部世界整合成一个共同体，从社会整合成一种全国性公众与国家经由现代科层机构而扩展的两种过程中，其作为参与实质的"民主"才浮现出来。

（2）乡村旅游发展淡化了基于村民身份进行乡村治理的基础

乡村旅游的开发逐渐瓦解了以村民身份为基础的乡村治理结构，推动了封闭乡村向开放乡村的转化，打破了内外有别，向平等的资源与机会占有分享演变，为法定、平等、普遍的以公民资格为基础的乡村现代治理提供了土壤。乡村旅游开发成为乡村治理重构的内动力，这个内动力来自经济演变对制度与身份这些上层建筑变革的要求。

如前文所述，在落后农村有限的资源与弱小的经济力量条件下，村民身份与集体财产的所有权和福利分配是密切相关的。当村庄集体为其成员提供较多的福利的时候，他们就会严格要求村庄成员的身份，以保障利益不外流。乡村正是通过对"村民身份"的严格确定，避免了在自给自足的小农经济中地方利益扩散到外部社会。而旅游发展让这一种"内外有别"失去了必要性与可能性。乡村旅游带动了乡村经济发展，给农民带来了当下的经济利益与未来生活的希望，让他们学会了除种地与发展乡镇企业之外新的、更好的经济发展方式，得到以前乡村不能够提供的更好的福利。面对从乡土资源与乡村文化中所获取的新谋生手段，他们开始从单纯的利益不外流向与外人共同分享利益的发展方式转变，他们愿意将手中的垄断性资源投入旅游开发中。并且，从村民以旅游景观投入乡村旅游发展那一天起，乡村成员就失去了对乡村资源和机会垄断的可能性，资本进入流通领域后，怎样流通需要遵从经济运行规律并受到其他投资者发展方式等因素的影响，不是村民自身能够决定的，甚至大多数时候，旅游投资者与外来游客对这些资源以及这些资源的收益有平等的甚至有优先的享用权。最后,在传统的中国乡村内部对村民身份高程度的认同,取决于乡村所能够控制的公共资源的数量以及村庄为村民提供的公共服务。然而,乡村旅游开发既削弱了乡村作为统一利益主体对公共资源的控制能力,也为村民带来了远远高于乡村内部甚至国家单纯依靠行政力量为村民提供的公共服务。

下面仅从"乡村旅游发展对农民土地的影响"做进一步论证。

在中国,土地是农民赖以生存的基本资料,其所有权属农村集体,乡村所能控制的最核心的公共资源就是土地。首先,乡村旅游发展需要商业化用地。乡村旅游开发要求集乡村的原真性与商业开发为一体,因此乡村旅游景区需要一定量的商业用地。现阶段,在乡村旅游发展中,解决商业化用地的主要方法是农村土地置换与土地整理。农村土地置换,即经过发包方(农村集体)将部分或全部承包地块相互调换经营。农村土地整理,即通过对农用地与集体建设用地的整理,增加有效耕地面积,目的是合理利用土地资源、促进农村经济发展。在解决乡村旅游发展商业用地问题上,土地置换、土地整理并不是完全孤立的两种手段,它们往往配合使用,甚至形成"一条龙"流程。土地置换是将农户分散的住宅(宅基地)、耕地依据占补平衡原则进行迁移,以置换的方式为其重新配置面积相当的耕地或宅基地,被置换后的农户土地能够满足农户的生产、生活需求。由于是为旅游经营要求而配置土地,更有利于旅游投资者介入,并且置换后的农民新居经过统一建设,居住环境与配套设施得到改善,集中起来的农民以聚居村落开展旅游接待,发展餐饮、娱乐以及旅游商店等,乡村旅游的规模化发展与农民收入提高、得到更好的公共服务相互推动,形成良性循环,这是单单依靠村集体的能力甚至国家行政能力所难以达到的。其次,乡村旅游的发展带来了农村土地承包经营权的转移。根据《中华人民共和国农村土地承包法》的规定,承包经营权转让方式包括转包、转让、互换、入股,并且还能够以入股、招标、拍卖、公开协商、折股与抵押等方式合法转移。

(二)现代乡村治理对乡村旅游发展的反作用

治理重构说到底是一种基层政治的变革,一些政治现象的变化总是与一定经济基础密切相关的。

从历史来看，政治发展的程度与经济发展的程度虽不是完全对应的，但大体上是相互适应的。在前面，我们探讨了乡村旅游作为经济发展手段所导致的相应的政治生活即乡村治理的重构；反过来，重构后的乡村治理也可以反作用于经济，推动乡村旅游的发展。

1. 现代乡村治理与旅游社区参与

以开放为特征的现代乡村治理对乡村旅游发展最大的影响，表现在对村民参与旅游发展的思想意识上，即旅游社区参与。"参与"一词源自西方"参与式民主"概念，参与式民主是对西方代议制民主（Representative Democracy）继承发展的结果。代议制民主是指"公民选举代表掌握国家决策权力的民主形式"。古代的直接民主随城邦的解体而消失，民主在中世纪末期再生时便采取了代议制形式，即由人民选举出代表，掌握国家权力。但在实践上，只能由少数精英掌握国家权力，社会多数人不能够选择政府，真正的公民失去了发言的权利，民主非但得不到实现，还逐渐被抹杀。在批判民主代议制的同时，20世纪70年代，以赫尔德为代表的美国学者在对代议制民主进行理性批判与继承的基础上，提出了参与式民主的理念。从参与式民主的历史，我们可以清晰地看到，参与实质上是实现民主的模式，维护的是一种民主意识。

在旅游社区参与概念中，"参与"也是其核心的术语，旅游发展所需要的参与意识也是指村民作为村庄的成员，具有积极参加旅游发展决策的主人翁意识，它的实质是公民参与意识在政治经济生活中的具体化。并且，旅游社区参与中的实践活动也是实现旅游民主决策的模式。"社区旅游的决策"解释了旅游社区参与中"参与"的合法性，正是由于作出的决策将对本社区旅游发展产生直接或者间接的影响，才需要其参与制定施行，一部分决策由居民选举的代表制定，另一部分由居民自己直接参与制定，则解决了参与的程度。因为在社区旅游中，首先也是最重要的参与，就是决策的参与，对旅游决策的参与应当满足"充分"的要求；对于其他对社区居民有直接或间接影响的事物，社区居民可以交由他们选举的代表实施。其次，为了最大限度地保护社区居民的合法利益，代表的选举应当以公平正义的形式进行，因此社区应当制定正当的程序，保证公民能够选举出真正代表其利益的人。

2. 现代乡村治理与旅游发展中的利益相关者理论

"利益相关者"（stakeholder）是一个来自管理学的概念，最早出现在20世纪60年代，但确立于20世纪80年代。在公司治理理论中，利益相关者理论中的相关者是指能影响组织目标实现或被该目标影响的群体或个人。"利益相关者"理论源自英美，也是外国的旅游研究者率先将"利益相关者"一词引入旅游研究领域，这基于两大重要因素：其一，对旅游发展中平等参与、民主决策、公平分配与分担等问题的日益关注，特别是对公平分享（乡村）旅游利益与公平负担旅游负面影响等问题的关注。其二，在旅游行业高度分散性与竞争日益激烈的环境下，旅游目的地要求解决整合旅游资源、增强竞争力的矛盾。

根据传统的乡村治理，旅游发展的利益主体不能解决其在旅游发展中公平分享（乡村）旅游利益与公平负担（乡村）旅游负面影响问题。正如上文所述，国家与村庄两种定义结构都试图通过身份来确定村民的资源分配，并为其提供资源与保护，传统的以村民身份为基础的治理只是维护其确定的村民主体的经济、社会利益，而非其他利益主体的利益。而旅游开发，涉及不同的利益主体，除原有的乡村村民（东道主社区）外，还有旅游者、旅游业及其参与者（例如投资者等）、当地各级政府等。如果依照内外有别的传统治理，只有乡村与村民的利益能够得到保护。实践证明，旅游是一个复杂的社会经济现象，旅游行为对旅游活动中的不同利益主体都会产生正面或负面的影响，并非所有的利益主体都能从旅游活动中获益，而且不同利益主体获利的大小也是不同的。如果不能为利益主体之间建立平等有效的合作创造条件，就可能会造成利益主体的权利失衡和矛盾冲突，不利于乡村旅游健康、持续地开展。以公民资格为基础的乡村治理则能够很好地处理主体间的利益关系。因为以公民资格为基础的乡村治理结构，代表着国家权力进入农村，否定了不平等的村民依据其身份所享有的权利，为所有的利益主体身份提供一种"普遍性"的公民原则，并且国家法律进入村庄，代替了过去的地方规则，以其最高的合法性、平等性与权威性获得利益主体的信赖以及自觉遵守——在同一规则下，村民与其他利益主体才可能协调与减少利益冲突，从而确保乡村旅游健康、持续地发展。

（三）乡村旅游助推乡村治理的有效措施

乡村旅游作为乡村振兴战略的重要组成部分，不仅可以促进乡村经济发展和农民增收，还可以助推乡村治理的改善和提升。以下是关于乡村旅游助推乡村治理的一些措施。

拓宽农村治理的视野：乡村旅游可以拓宽乡村治理的视野，引入更广泛的观念和理念。通过旅游活动，可以促使农民和村民更加关注和了解国内外的治理经验，借鉴和吸收先进的治理理念和模式，为乡村治理提供新思路。

强化治理主体的能力：乡村旅游的发展需要有效的治理主体，包括村级组织和村委会等。通过培训和提升村级干部的治理能力，加强其对乡村旅游的规划、管理和监督，可以提高乡村旅游的质量和效益，进而促进乡村治理的提升。

加强规划和管理：乡村旅游需要有科学合理的规划和管理，以保护农村环境和文化遗产，避免过度开发和资源浪费。因此，建立健全乡村旅游规划和管理体系，制定相关政策和标准，加强对旅游项目的评估和监管，对于提升乡村治理具有重要意义。

提升农民收益和参与度：乡村旅游的发展可以为农民提供更多的就业机会和增收途径。通过培训和技能提升，提高农民从事旅游服务的能力和水平，使其能够主动参与到乡村旅游的经营和管理中。同时，要保障农民在乡村旅游中的权益，以确保他们能够公平分享旅游发展的红利。

加强旅游与农业的融合发展：乡村旅游与农业之间存在紧密的联系，可以实现旅游与农业的融合发展，推动乡村经济的多元化。通过发展农家乐、观光农业、农产品直销等形式，将农业资源和农村文化与旅游需求有机结合起来，形成互补和共赢的关系。

总之，乡村旅游作为一种有力的发展模式，为乡村治理提供了助推力量。通过多方面的措施，乡村旅游促进了乡村经济的发展、农民收入的增加，同时保护和传承了乡村的文化遗产，提升了环境保护意识，增强了社区参与和治理意识。这为乡村振兴战略的实施和乡村治理的改善提供了新的思路和实践路径。

第三节　乡风文明促进乡村治理

一、乡风文明与乡村治理概述

在中国漫长的农耕文明历史中，乡村一直处于一种自治状态，从社会文化的角度看，维持农村社会秩序状态稳定的一个重要因素就是乡风。在当代中国，乡风文明是农村文明建设的精神内核，是乡村全面振兴的灵魂。

（一）乡风与乡风文明

1. 乡风的内涵

在土地上辛勤耕作，以土地的产出来谋生的人聚集在一起，以农业发展为主的居住地，就构成了中国的乡村。世代田园牧歌，耕耘人生和理想。《诗经》分为风、雅、颂，风，就是从非周王室直辖的地区采集的土风歌谣，其中大部分属于民歌，也就约略有了乡土精神文化生活的意味，大抵能算是传统中国乡风的源头。

通常认为，乡风，本义是乡村社会约定俗成的礼仪风俗，有时也是指一个地方长期存在、被乡民代代传承的生活习俗，它是乡村文化发育、储存与传承的重要载体之一。乡风文明属于农村精神文明建设的范畴，是社会主义新农村精神文明建设的重要方面，它主要涉及农民的思想道德建设、优秀传统文化传承、社会主义公共文化建设和移风易俗等有关工作内容。

2. 乡风文明的提出

乡风文明的基础是乡风，落脚点是文明，目标是使当代社会主义中国农民的思想、道德素质和文化水平全面提高。中国特色的文明乡风，不仅能够丰富农民精神文化生活，提振新时代农民的精气神，培育文明乡风、淳朴民风、良好家风，提高社会主义新农村社会的整体文明程度，还可以进一步增强乡村文化发展的软实力，坚定文化自信。

（二）乡风文明在乡村治理中的价值

当前，中国特色社会主义已经进入了新时代，人民群众对美好生活的需求，尤其是美好精神生活的需求愈发强烈。乡风文明事关乡村社会的全面振兴与和谐稳定，培育好文明乡风，才能更好地促进完成脱贫攻坚任务后的乡村经济、政治、文化等各方面的全面振兴。

1. 有助于建立政治认同

在阶级社会中，对统治阶级而言，被统治者的政治认同有利于阶级统治的稳定。在中国特色社会主义新时期中，文明乡风会给农村社会带来秩序的和谐与稳定，这种稳定和谐就会让村民产生相对稳定和成熟的社会心理。从政治文化的角度看，乡村农民有了这种稳定和谐的心理状态，会自觉地对现有的政治制度产生政治认同，从情感和态度上对目前的社会政治制度表示接受。这在当前中国特色社会主义新时期中的具体表现就是在政治心理、政治情感和政治行为上接受中国共产党的领导，并愿意在党的领导下，为党提出的现阶段奋斗目标努力工作，为党提出的远大社会理想而持续奋斗。

2. 有助于建立法律认同

中国的宪法和法律都是在党的领导下制定的，中国共产党通过人民代表大会制度，使党的主张成为国家意志，转化为国家制度和法律制度。培育文明乡风，有利于农民从心理上建立政治认同。在中国特色社会主义的政治制度下，在接受党的领导的政治认同的基础上，农民自然就从心理层面建立起了法律认同。也就是说，人们在接受党的领导的同时，对党领导人民制定的宪法和法律也从政治心理方面接受和认同。从而依照现行的宪法和法律去规范自己的行为，调节自己的社会关系。

3. 有助于建立道德认同

《新时代公民道德建设实施纲要》提出了要把社会公德、职业道德、家庭美德、个人品德建设相统一的观点，并且详细描述了社会公德、职业道德、家庭美德和个人品德建设的具体内容，为新时代公民道德建设提供了强有力的指导。

乡风文明建设和国家公民道德建设要求有着内在的一致性，首先就是要注重个人品德的培育，这和传统社会的注重"修身齐家"的理念息息相通。培育文明乡风要把公民个人品德修养作为出发点，把家庭美德、职业道德、社会公德统一起来，在社会上做一个好公民。从这个意义上说，搞好乡风文明建设也有利于农民建立对中国特色社会主义的道德认同。

4. 有助于建立文化认同

在马克思主义指导下进行的文化创新，在实践中逐渐成为中国特色社会主义的先进文化。中国特色社会主义先进文化深深根植于中华优秀传统文化之中，立足当前中国实际，不断吸收和借鉴国外文化的有益成果，通过不断改革创新，形成了具有中华民族特质的先进文化。乡风文明建设最终是建立一种文化认同，一种文化心理的认同，是对继承了中国特色社会主义文化的一种高度认同，是血脉基因层面的文化自信的表现。

总之，乡风文明作为中华文明的重要组成部分，始终是维系中国农村社会秩序稳定的精神力量源泉，诸如我们的祖先极力提倡而推崇的传统美德"孝悌文化"，中国乡村社会自古就有的崇德向善的精神力量"乡贤文化"，家族成员长期恪守的融入血脉中的家训家风、维护农村社会秩序、社会公共道德的"村规民约"等，其中所蕴含的人文精神、道德规范、传统优秀思想观念都发挥着凝心聚力、淳化民风、积极向上的作用。

二、乡风文明协同治理机制的构建

（一）乡风文明建设协同治理机制构建思路

根据协同学一般原理，自组织是系统由无序变为有序的相变过程，而系统之间既协同又竞争，其规律在于：协同形成结构，竞争促进发展。因此，协同运行的前提是具有多个子系统，否则不可能产生系统之间的协同或竞争，而系统可以在序参数达到一定阈值时内部形成相互关联、默契合作的协同效应，共同完成既定的终极目标，促使部分之和大于整体。因此，在乡风文明建设的协同机制中，要确保多元主体而非一元主体作为子系统通过协同形成自组织，又要找到最具有影响力的序参数以完善系统之间的协同和竞争，在结构和功能上产生超越原有思路的新型机制。

(二) 乡风文明建设协同治理机制的运行机理

首先,乡风文明协同治理前提在于承认和发展基层党委、乡镇政府、村党支部、村委会、社会组织和经济组织、村民等多元主体的合理性,允许并尊重它们参与乡风文明的公共治理。倡导多元主体并存,是摒弃片面地、孤立地看待要素功能,并为各子系统提供协同空间的第一要义。

其次,乡风文明协同治理之子系统之间需要保持协同关系。子系统中并不排斥其中任何一个系统处于主导地位,系统之间仍需要沟通对话与平等协商。在我国,基层乡镇政府管理乡风文明建设经验足、成效大,由其作为主要子系统主导其余子系统形成自组织,符合历史渊源和实践要求,但是主导不同于强权。其实,子系统之间应当通过信息交互、动态合作等方式共同参与乡风文明建设,在各参与者的资源共享中实现协同利益最大化。当然,政府主导的程度关键取决于选择并平衡好序参数,使其协同效应既不会过于弱小又不会大而不当。在序参数的干预下,原本混沌、无序的乡风文明建设机制将在统一目标、相互支持和规范结构下得到整合。而序参数自然不是单一的,在序参数的相互竞争和协同中,系统产生了自组织秩序,其中尤以法律和政策规则的制定为核心。原因在于,协同治理机制是一种集体行为,而每个主体囿于利益顾虑、权力依附或文化心理等,并不具有充足的合作意愿和贡献激情,从而导致合理的乡风文明建设结果无法达成。但是,规则制定达成了事前、事中行为规范和事后成果、责任分配原则,主体之间不仅可以在规则之下通过意思自治、协商协作发挥自组织井然有序的自发协同效应,还可以直接运用人为规则定分止争,在序参数阈值的临界点附近消解协同障碍,令乡风文明建设主体的协同效益倍增。其中,乡风文明建设机制的规则制定作为母序参数,又包含共识形成机制、行动整合机制、沟通交流机制、成效共享机制四个子序参数。

(三) 乡风文明建设协同机制构建的内容范畴

1. 共识形成机制——实现目标协同

共识是协同的基础。在乡风文明建设的多元主体中,各主体的具体目标基于利益导向不同而存在明显差异：乡镇政府和村委会注重落实政策，营造社会主义新农村、新风貌；其他经济组织、社会组织或乡民注重传统风俗和民间文化。由此，乡风文明建设必须敲开共识的大门，使多元化主体的行为者都认识到，培育文明乡风、良好家风、淳朴民风，是每一个主体义不容辞的责任。而科学的共识形成机制，通过有效沟通，可以将过往的强制变为将来的并进，促进乡风文明建设目标协同。

具体而言，各主体在共识形成机制方面应采取的行动如下。

第一，基层党委以"城乡党建结对共建"为契机，积极传导社会主义核心价值观和城市先进精神文明成果，指引乡镇政府及其他建设主体将国家政策贯彻到底，促使新型乡风在党的领导下不变色、不走样，有亮点、有成效。

第二，乡镇政府承上启下，在党委领导下具体落实新时代乡风文明建设制度。首先，乡镇政府要摒弃以往的政府全能主义自我认识，积极转变政府职能。其次，乡镇政府要加大资金扶持力度，通过财政工具对积极参与乡风文明建设的村委会、经济组织、社会组织或个人给予激励，并对可以转化为实际生产力的文化产品加大投入，增加优秀乡风的资源产出，形成"乡风投入—文明产出—增加乡风投入"的良性循环，使建设文明乡风的多重功效成为多元主体的普适认知。最后，乡镇政府还须出重拳打击乡村黑恶势力、封建残余、宗教迷信和落后风俗，以兴办学校、推广乡贤服务等方式抵御过时乡风的侵蚀，使文明乡风共识不受袭扰和玷污。

第三，村民委员会作为乡风形成和维系的关键子系统，需要充分发挥其自治属性和民主功用，通过自治章程、乡规民约使零散的乡风习俗、个性的历史传统凝结和上升为乡民集体意志。本着村民本位的精神重新建章立制，彰显村委会自发自治的自组织效能，使共识机制这一系统演变为有序结构，传达整体共识。

第四，农村集体经济组织和其他经济组织、社会组织作为乡风文明建设的润滑剂，可广泛参与到系列乡风文明建设活动之中。比如，乡镇政府主办村委会承办的经济活动、文化活动、优秀楷模的评选活动，乃至乡民自发的宗族活动等，他们以其独有的专业优势、社会资源和角色定位构建文明乡风。尤其当国家法律赋予农村集体经济组织特别法人地位之后，其更应以先进生产力带领乡亲共同致富，以改革创新的时代精神作为凝结乡民共识的支点，为乡风文明建设提供夯实的物质经济基础；同时，政府也可鼓励有经济实力的经济组织回馈社会，如出资修路修学校、资助贫困学子上学、组织员工慰问帮扶特困户、开展丰富多样的村民文化娱乐活动等，以此让互帮互助的温暖民风薪火相传。

第五，乡民应作为乡风文明建设的主体之一，乡镇政府和村委会可以从中遴选出有能力、有担当的新乡贤积极参与乡风文明建设，注重典型示范效应和乡贤凝聚力，对村民信服、群众基础良好、德才兼备的新乡贤应加大宣传力度，树立为乡民学习的典范，发挥乡风善治之中道德楷模的引领作用。在湖北恩施，"村医村教进两委"在尊师重道的文化网络中取得实效，充分调动了乡村精英的智力资源，成为乡村治理体系和治理能力现代化的缩影。

此外，还可通过基层司法局的大力协助，使新乡贤掌握基本的立法技术和调解技巧，在村规民约的制定与民事纠纷的调解等方面发挥建设性作用，使其成为乡风文明建设中不可或缺的组成部分。总之，乡风文明建设共识形成机制，需要形塑共享向上、向善、向好、崇礼重教的文明乡风氛围，有利于提升社会服务质量，改善并提高地区的生活品质。

2. 行动整合机制——实现功能协同

乡风文明建设协同系统之所以能够让分散的多元主体产生一致的行动，主要依赖主动协作和被动适应两种动力。在主动牵引力和被动推动力共同作用下，乡风文明建设主体行动发生整合。各主体在共同的利益愿景基础上，受到共享效益的引导，愿意为追求共享效益采取协同行动，进而增加乡风文明建设系统的整体功能。其中，又以乡镇政府指导制定的乡规民约作为功能协同的中心序参数，以其蕴含的自治、法治、德治的"三治合一"为乡风文明行动整合的核心手段。

首先，基层党委、乡镇政府应当把握好乡风文明建设中"法治"的保障地位。基层党委要协助结对支部、下级支部完善村级治理体系，将党的路线、方针和政策严格落实到村组村民。同时，需要协助村党组织引导村民共同参与讨论、修订和遵守村规民约、院坝公约，形成依法立约、以约治村的良好格局。乡镇政府要指导乡规民约的制定与落实，确保将"民治""民享"与"民用"理念贯彻到新时代的乡规民约之中，彻底革除宗族霸权和不法势力，营造乡规民约实施的清朗环境。

其次，村委会及其他经济组织、社会组织应当健全自组织的"自治"功能，在基层党委和乡镇政府指导、乡民踊跃参与下，根据自治章程、乡规民约，培育专业协会类、公益慈善类、便民服务类等社会组织，积极发展民事调解、文化娱乐、红白喜事理事会和道德评议会、禁赌禁毒会等有益组织，鼓励和引导他们积极参与基层治理。这些组织将错综复杂的乡民关系在统一的自治规则下理顺，使原本攀缘依附于各种宗族权力和血缘权威的文化价值被重组，创造性地赋予了农村社会组织、经济组织建设乡风文明的集体性、同向性和严密性，突破了家族共同体在乡风文明建设中的局限性。

最后，积极发挥新时代乡贤的"德治"功用。这里的道德并非指"义务性道德"，而是指"愿望性道德"，"它是善的生活的道德、卓越的道德以及充分实现人之力量的道德"。

在乡风文明塑造和定型中，单靠政策定向与形式的教育宣讲，对移风易俗、培育新风等不能起到长期作用。因为生活在乡土社会中的人们并不感到没有"法律"指导生活的不便。相反，秩序和规范弥散在社会之中，通过耳濡目染、言传身教、世代相继而为当地人所熟知。乡贤在乡土社会中已经成为实际的行为模范，在乡土社会的权力网络中处于上下协调的位置。乡风文明导向如果缺乏乡贤德治的系统协同，就会导致法治无法落地、自治迷失方向，其行动整合亦难免沦为空谈。自宋代《吕氏乡约》以来，我国从乡规民约到自治章程，都体现出德业相劝、过失相规、礼法相交和患难相恤的特点，凝结了乡风文明浸润千年的底蕴和风华。通过乡规民约的民主缔结、诚信遵守，多元主体能够相向而行，并能发挥自组织在政府指导下的自我管理、自我教育、自我服务和自我监督的功效，在乡风文明建设中促进乡村治理科学化与系统化。

3. 沟通交流机制——实现资源协同

乡风文明建设中，资源协同是重要的序参数，它决定着乡风文明的内涵和外延，也影响乡风文明能否可持续发展。当前，乡风文明建设资源条块分割严峻、"单位制"惯性依旧强大。首先，这是由于经济资源的来源相对单一、后继匮乏。其次，文化资源区域失衡、发展缓慢。最后，人才资源外流严重、入不敷出。在城乡二元结构变动下，农村人才流向城镇业已严重；农村中受教育程度较低的老人、留守儿童普遍的现象也未根本缓解。这不仅使得参与乡风文明建设的主体大为缩减，而且使乡村内聚力严重下降，由此直接削弱了乡风文明整体认知水平、普及范围、自觉运用的广度与深度。因此，全面发挥基层党委和乡镇政府在指导、协助乡村建立村级治理体系中的主导作用，根据乡风文明建设的需要提高资源的优化配置效益。其中，资源配置不是单向的，它呼唤多元协同的交互运转，以实现外部条件变动下的内部相机反应。这就要求资源配置与信息沟通、社群民意进行调适。在公共管理学看来，公众与公共机构之间的交往是"公共管理中的人性面"，其本质就是关于正确管理的交互的、开放的信息交流。"良性运作的现代民主需要其政府官员以关爱与尊重的态度倾听民众的心声，反之亦然"。

可见，乡镇政府作为交流平台的主要提供者，需要协助村党组织、村委会依托村民会议、村民代表会议等载体，通过民主恳谈会、民主听证会、民主议事会和民情沟通日等进行民主协商。其中，在乡镇政府主导之下，需要适当让渡行政和社会资源，让"政府搭台，群众唱戏"的协作局面遍地开花。质言之，乡镇政府除了对乡风文明建设进行财政支持、政策供给，还需要兼顾民主议事与经济互通，倡导乡镇企业诚信经营、回馈社会，利用市场的力量解决乡风文明建设中经济资源不足的难题。

同时，沟通交流机制的常态化、制度化，为文化资源与人才资源另辟蹊径。要言之，在乡镇政府统筹协调、多元主体分工负责的交流模式下，对传统乡村社会的宗族活动、文化活动、评选活动等取其精华、去其糟粕，进行现代化的改造。这应由乡镇政府在沟通之中预设乡风文明前进轨道，在计划和预警后避免鱼龙混杂、放任自流，其余各主体也能对乡风文明去伪存精、自我净化。在信息联动场景下的村民主体，通过制定家风家训、宗法族规，规范家庭成员、宗族子孙尊祖爱乡、遵纪守法，这不仅不会让乡村文化资源落入守旧主义的窠臼，而且还会促进敦厚淳朴乡风民俗的形成。此外，政府主导的沟通交流机制提升了农村人才的地位，也为政府了解群众需求、吸引人才回流提供了绝佳契机。随着道德讲堂、文化讲堂等讲师的延聘，模范乡贤、"最美"乡民等评选活动，为沟通城乡一体化和资源互补提供了可行之路。

当然，乡风文明建设的沟通交流既有制度性，也有临时性。其中，不定时举办的乡风评议会、乡风考评、民意调查等也可衡量乡风文明资源流动是否协同及协同程度是否合理。在沟通之下，乡村能够挖掘自身资源，广泛开展社会主义核心价值观宣传教育，引导人们重道德、讲道德、守道德，以此优化乡土社会的乡风治理。

4. 成效共享机制——实现利益协同

利益是协同社会治理中最根本的序参量，当今中国社会治理最大的挑战是如何建立公平合理的社会利益格局，构建系统、稳健的社会利益整合协同机制，有效化解利益分化所带来的各种矛盾，以确保整个社会的和谐发展。

乡风文明建设的多元主体之所以能够主动协同，是因为主体之间的职能划分明确、收益清晰，利益层序条分缕析。一旦利益纠葛达到足以阻隔主体协作的程度，乃至诱发主体矛盾，乡风文明建设的协同机制就可能分崩离析。

在乡村振兴战略实施过程中，要汲取历史经验和教训，首先抓住主要矛盾，利用利益再分配和成果共享机制，下放乡镇政府既得利益和期待利益，使之处于主导地位却又超然于实际利益分配，扮演着利益仲裁协调的角色。详言之，作为多元主体的发动者与核心参与者，政府承担乡风文明建设项目的启动、资金注入、政策支持、主动协调等多项职能，但政府并不参与多元主体的直接利益分配，而是追求间接效益和长远效益，如税收、地区品牌、生活品质等，从而让其他社会主体更好地共享乡风文明建设成果。

第一，经济成效共享层面，乡镇政府应当把握农村土地承包经营权"三权分置"契机，合理使用土地收益注资乡风文明项目，加强农村公共文化基础设施建设；对积极参与乡风文明建设的经济组织、社会组织予以补贴或税费优惠，对先进村委会、模范乡贤给予政策奖励。同时，在农村经济纠纷中发挥调解功能，以非诉讼纠纷解决机制贴合农村矛盾化解需求，在乡风文明维护末端做好定分止争工作。

第二，文化成效共享层面，政府主导义务教育、职业技能的培训、防病防疫等公益建设，同时鼓励社会力量参与学校、文化礼堂、讲习所等的开办，在民间广为"提倡新事新办、严禁大操大办""提倡勤俭节约、反对铺张浪费""提倡文明礼貌、弘扬孝道文化"等，让脱俗立新的公序良俗深深扎根于乡土文化之中。

第三，生态文明成效共享层面，乡镇政府需要协调发展与保护之间的利益纠纷，既要引导多元主体利用乡村有限的生态资源乃至非物质文化遗产资源等开展产业转型，又要防止过度开发和粗放经营，形成"绿水青山就是金山银山"的生态乡风。

（四）促进乡风文明建设协同治理机制运转的保障

首先，理性的全局观至关重要。协同治理的基本逻辑建立在对理性世界的信仰之上，相信理性的力量可以化冲突为分歧。假如各子系统不能将乡风文明建设的希望寄托于理性制度供给和运行上，而是想借助群体性事件突发冲破制度框架，协同治理的信念就形同虚设。因此，在多元主体协同治理乡风时，理性的主体要增强法治信仰和规则意识。在子系统之间存在竞争关系时，必须防范竞争程度过于激烈而突破良性竞争界限，使理性沟通和深度协商成为协同的基本方式。

其次，必须厘清子系统之间的边界。政治、经济、文化、社会、生态文明等领域的乡风文明建设事权要避免"你中有我，我中有你"。其原因在于，乡风文明建设的多元主体在行动范围上较为微观，容易产生权力重叠与集中，限制其余自组织的运行与延展。特别是政治事权与经济事权在乡土社会的高度重合，容易滋生乡村腐败和权力寻租，使乡风文明建设的指导层面出现瓦解协同治理的可能性。不仅如此，混合管理乡风文明建设，会导致党委领导、政府落实的功能被宗族势力绑架，使其地位和功能弱化。

最后，必须落实多元主体的自身身份意识，强化乡民权利意识与主体定位，激活乡风文明建设的基础细胞。传统的乡风治理以"政府主动、乡民被动"为主，原子化的乡民零散地、孤立地参与乡风文明构建，而没有从家庭共同体凝聚为国家共同体。多元主体协同治理中，需要使乡土社会涣散的乡民被纳入自组织之运转，使其角色从家族成员转变为国家公民，使其对社会的忠诚度、凝聚力跃升于家族之上。只有让公民直接与国家和社会建立有机的联系，才能实现有效的社会控制与社会动员。

（五）乡风文明建设协同治理机制有效运转的价值

乡风文明建设是一个复杂的工程，协同治理学为观察、分析和建构机制提供了一个新的视角和方法。基层党委、乡镇政府、村委会、经济组织与社会组织、乡民等多元主体作为多个子系统，既相互独立、又相互影响，既竞争又协同，在辩证统一中采取集体行动，使乡风文明建设具备整体性和有序性。同时，在这个母系统中，以共同规则为核心的序参数发挥着枢纽作用，启示我们必须依法决策、科学决策和民主决策，使该序参数助推系统拥有变化发展的动力。通过乡风文明建设协同治理机制理论体系的构建，我们能够清晰地发现，多元主体协同不仅不会导致原有的政府行政绩效下降；相反地，这会倒逼政府主导共同规则制定愈加科学，使各主体各展所长，进而以多元主体的协同功效超越传统的线性功效，实现主体协调共赢与乡风文明建设的持久兴盛。

乡风文明建设之系统具有开放性，恰恰契合了当前我国加大对外开放与乡村振兴力度的实践宗旨。在市场经济改革迈向纵深之际，乡风文明面临城市文明、西方文明与科技文明的挑战与冲击，多元主体之间的竞争关系也越发激烈。但是，多元主体要协同发展，就必须尊重其余主体的存在价值与互补关系。协同治理机制的有效运转，会促使强弱不均的子系统处于形式平等，革除片面强调竞争的传统机制弊端，为乡风文明建设把握机遇、迎接挑战给予了新的实践思路。

乡风文明建设协同治理，以制度规则为序参数，凝聚多元主体的建设共识，降低了政策制定、落实与监督成本。多元主体协商共治促使政策内涵具备民主性与广泛性，为乡治政策的普适运用提供了群众基础与可持续发展机会。鉴于此，乡风文明建设协同治理机制有助于淳朴乡风、和谐民风、友善世风的形成与维系，增进乡村振兴的精神品质与信念信仰，切合了乡村振兴战略的内在逻辑体系，有助于解决人民日益增长的美好生活需要和不平衡不充分的发展之间的矛盾，谱写新时代乡村全面振兴新篇章。

第四章 乡村振兴背景下"三治融合"乡村治理研究

第一节 "三治融合"的基本理论阐释

一、"三治融合"的内涵阐释

"三治融合"是将自治、法治、德治三者的价值和功能，经过系统整合、深度融合后的一种重新生成，是解决现阶段乡村面临问题的根本手段。"三治融合"的治理体系起源于2013年浙江省桐乡市，"三治融合"的提出起初是为了解决基层存在问题以及普遍存在的社会问题，后来"三治融合"治理体系在2019年写入党的十九大报告中，成为新时期实现乡村振兴战略的路径之一。

实现乡村振兴必须强调法治与德治在自治中的有效结合，在自治平台上推进法治与德治建设，在法治与德治的基础上提高自治效率，这三者互相支持。自治的过程自然包括德治和法治的要素，在参与自治的过程中，村民自治主体的法治信念和道德意识逐渐增强。探索自治的形式离不开法治和道德规范，没有法治，就没有农村自治的保障；没有德治，就没有农村自治的基础。法治和德治不仅是村民自治的手段和方法，也是现代农村治理体系的重要内容。自治、法治和德治在乡村治理过程中相辅相成。在三者之间的关系上，"三治融合"不是把三者内容堆砌在一起，而是在通过研究探索三者各自的特点、作用的基础上，通过合理配置，发挥自治、法治、德治各自最大化的功用，将"三治融合"的治理机制更好地应用于指导乡村治理的实践中去，从而真正实现乡村振兴的良善局面。

二、"三治融合"的理论基础

(一) 善治理论

善治理论的实质是使组织与村民的关系更加和谐，在治理过程中，善治使社会治理更加合理，不仅实现了公平正义，还实现了管理的人性化。村庄和村组织科学合理地表达要求，在参与村务管理过程中充分利用民主选举权、决策权、治理权和监督权。善治必须建立在多元化治理和和谐治理的基础上管理村务。善治将道德精神的要求提升到治理层面，在以人为本的原则下进行管理决策和实施，是一种最佳的多方利益相关者治理方式。

善治理论是通过还政于民，让公民积极参与政策管理。这使我们能够制定更符合公众利益的政府政策。政府作为一名解读者将每一项政策为大众进行解读，才能使大众真正意识到每项政策都是从人民的角度出发制定的。这样，我们也可以确保公共政策的实施，以最大限度地提高公共利益。善治的目的是将国家权力下放到社会，以避免国家权力的高位化；善治的过程就是将国家权利下沉到社会的过程。善治的本质特征就是让整个社会成员共同管理公共事务，并将国家权力分配给社会，而不仅仅是政府作为权利主体。只要各机构能够从广大群众的利益出发提出建议，它们就可以行使基本权力。在这个过程中，政府可以发挥领导监督作用，我们可以看到，中国根据自己的实际情况，走上了一条新的善治道路。

（二）乡村治理理论

乡村治理理论是在西方的治理理论和国内学者在乡村治理领域的实践中得出的。乡村治理理论的主要来源是西方治理理论。根据西方治理理论，治理是一种按照共同目标进行的管理活动。在这种情况下，治理的主体不再局限于国家政府部门。每个行政社会团体和志愿组织都可以不同的方式成为治理的主体。同时，西方治理理论认为，治理是一个动态的过程，是行政主体与行政客体相互作用的动态平衡，这两点为乡村治理理论的产生提供了坚实的理论基础。乡村治理理论的另一个来源是国内学者对不同乡村治理实践的结论。自 20 世纪 50 年代以来，中国一直在不断研究适合农村地区的治理模式。进入 21 世纪，中国农村治理发展到了一个新的水平。此时，村民自治开始成为一项国家政治制度，行政职能的转变开始成为改革的重点。

乡村治理理论涉及治理主体、治理目标、治理权力分配和治理过程等治理的各个方面。在各种观点中，最为公认的观点主要包括以下几个方面。

第一，乡村治理理论强调存在多个治理主体，认为农村治理不应局限于政府和其他具有治理能力和权力的主体，志愿者队伍、村级组织和社会福利组织等也应当是治理的主体。他们应该从不同的角度利用不同组织掌握的不同资源，进行乡村治理。关于如何充分发挥各主体的效率，乡村治理理论提出了三种不同的治理模式。一是政府主导型治理模式。这种治理模式的适用范围主要在农村贫困地区，多元治理主体治理作用发挥较弱，政府应发挥主导作用。二是村民自治模式。这种模式适用于拥有一定的经济能力，能够独立管理农村事务、调动村民积极性和参与农村自治的地区。三是我国现阶段使用最多的治理模式就是无序模式。

第二，注重权力的多元化分配。除政府权力外，农村地区还有公共权力。任何主体都可以通过法律手段获得为人民服务的公共权力，从而形成从单一分配权向多元分配权的发展。

第三，农村公共利益最大化是农村治理的主要目标。

第四，推进自治进程。根据乡村治理理论，政府部门和组织不仅要进行宏观调控，而且要充分调动村民自治主体的积极性。

（三）多中心治理理论

自20世纪70年代以来，西方学者开始寻找一种能够适应全球化趋势和多元社会需求的管理模式。美国行政学家文森特·奥斯特罗姆（Vincent A. Ostrom）及其夫人提出的多中心治理理论是其中最具代表性的理论之一。奥斯特罗姆和妻子从多年的社会实践中得出结论，运用"单中心"模式管理公共事务存在差距和不足，因此提出了多中心治理理论。

多中心治理理论最初应用于计划和市场的比较研究，后来广泛应用于政治学中，由于治理主体仅仅是政府或市场，这种治理模式可能具有权威性，但治理对象却被忽视。"多中心"是指多个主体共同参与。通过相互独立、相互协作和协调，或通过利用核心机制解决治理中可能出现的矛盾和冲突，在整个社会秩序中提供更好和更有效的公共服务。多中心治理理论的理论框架中主要包括以下两个方面：首先，多中心治理的主体是多元的，治理主体包括政府、企业、个人团体、国际组织等。其次，多中心治理理论的结构具有网格化的特征，使每个治理主体成为网状的节点，将社会治理连接起来。

三、自治、法治、德治之间的内在逻辑

（一）自治是目标

自治是自我治理，是人们之间交往关系的不断规范化、制度化过程。村民自治是基层村民作为自治主体在法律法规的范围之内，在党的路线方针的领导下，进行的一种自主治理的方式。

村民自治制度的实施，成为中国特色社会主义民主的重要形式之一。深化村民自治实践是确保农民当家作主、在农村管理中发挥作用的基本形式和模式。村民自治在农村治理中起着基础性的作用。在发挥自治作用过程中，村民在乡村治理中占据重要地位是推行村民自治的基本条件，这一基本条件通过自治制度中有针对性和可操作性的规则和方法得到落实，并表现为以"民主选举、民主协商、民主决策、民主管理、民主监督"为核心的乡村治理活动，以实现乡村社会的稳定与秩序。自治、法治、德治具有不同的作用和功能。法治是外部的和强制性的，法治是一种行为层面的治理方式，而德治则是一种内在和意识层面的治理方式。法治和德治应用到乡村治理中的目的都是实现村民自治，提高村民管理农村事务的参与能力、自我利益表达、自我服务的能力。

村民自治建设，首先，加强农村村民自治可以明确基层组织的职责，村民自治在社会组织建设、村民政治参与等方面发挥着重要作用，同时，也可以提高村干部和村民的主动性。其次，有助于提高村民的自治能力和积极性，拓宽参与渠道，对形成"三治融合"治理机制发挥重要作用。最后，在提高村民自我服务能力和教育能力的基础上，进一步提高村民参与自身事务的主动性，有利于提高农村治理水平。

（二）法治是保障

法治是一种社会管理机制、社会活动方式和社会秩序状态。法律代表着国家意志，是国家为了实现公平正义的社会秩序实施的从中央到地方的硬性治理。法治存在于社会治理的各个方面，在乡村治理过程中发挥着举足轻重的作用。

法治是一种公开透明的规则和过程，是合法性过程与合法性结果的统一。法治必须包括过程合法性和结果合法性的有机统一。在推进乡村治理体系建设的背景下，不仅要证明成果的合法性，还要认真审视过程的合法性，形成遇事找法律、依法办事的乡村法治的良好局面。中国传统社会从来没有一个系统的法律框架，先秦法律中的法治虽然具有重要的历史意义，但与现代社会的法治相去甚远。它既不能创造和塑造现代意义上的法律，也不能塑造基本的社会治理的遵循。在乡村振兴背景下，无论是通过建立乡村治理体系上来说，还是建立健全"三治融合"的治理机制，法治都是重要的保障。

法治是自治和德治的保障。现代社会的管理是依法进行的。村民自治虽是一种自主治理的方式，但它也受到法律的制约和限制，而不是任其自然和无限发展的。法治提供了自治需要的现实基础和治理手段。一是村民自治应该遵循我国现行法律下以完善自治组织为目标，实现"善治"，在法律法规允许的范围内，制定自治条例或者村规民约，以保证自治有序、规则管理，将村民自治行为限制在合理合法的范围内，以便减少村民内部矛盾和冲突，最终建立和谐稳定的农村社会；二是增强村民和地方干部的法律意识，提升基层党员干部使用法治思维解决实际问题的技能，应对日常生活中的矛盾和利益纠纷；三是加强对群众遵守法纪的教育，加强村民守法行为，为我国基层和行政机关的治安执法创造良好条件。

（三）德治是基础

德治是以社会主义核心价值观为根本，通过道德教化作用，实现良好社会风尚的一种治理方式。德治根植于中国上下五千年的传统优秀文化，现在发展到以弘扬社会主义核心价值观的德治思想。现代意义上的德治是以道德规范约束人的行为从而达到一种和谐的社会秩序的治理方式，是一种非正式制度约束。德治原则在农村治理中发挥着重要作用。首先，德治是法治的伦理基础和意义所在。在依法维护农村社会公正和正义的同时，国家法律将这些理念视为最高的道德标准。其次，德治要求道德观念的实践与农村社会关系的规范相结合，道德规范逐渐转化为人类行为所反映的道德习惯，成为处理各种农村关系和农村稳定的基础。最后，德治有道德评价和道德监督的功能，它可以为村委会成员创造道德舆论，使他们更加有效和自觉地运用村民自治，实行民主决策，公开村务，民主治理。

德治是自治和法治的基础。法律是公民必须遵守的强制性社会规范，道德是群众心中自我约束的法律，具有内在性的特点，在村民自治过程中使用更为广泛。在村民自治中，法律固然重要，而德治约束可以起到"润物细无声"的作用，在村民治理过程中发挥着潜移默化的作用。德治的关键是解决治理主体的思想道德修养问题，在传统道德和社会主义核心价值观的指导下，加强村民思想修养，着力提高村民的大局意识、集体意识、归属感、责任感和荣誉感，以促进农村建设和经济发展。

四、"三治融合"乡村治理体系的功能

实践告诉我们，"三治融合"乡村治理体系是可行的，除此之外，从理论层面来讲，构建"三治融合"乡村治理体系也是十分有必要的。

（一）践行马克思主义中国化的现实需求

马克思、恩格斯通过批判资本主义治理的弊端，总结无产阶级取得革命胜利的实践，思考并阐释了国家治理方面的问题，他们认为国家兼具政治统治和社会管理的职能，二者相互作用于国家治理的过程之中。马克思指出，国家活动"包括执行由一切社会的性质产生的各种公共事务"[1]，这里国家执行的各种公共事务就是国家的社会管理职能的体现。恩格斯指出，国家"以社会的名义占有生产资料，同时也是它作为国家所采取的最后一个独立行动。那时，国家政权对社会关系的干预在各个领域中将先后成为多余的事情而自行停止下来"[2]。恩格斯在这里强调了国家在治理中，其政治统治职能将会慢慢缩小；反之，其社会管理职能将会慢慢扩展。党的十八届三中全会上用"国家治理"取代了"国家管理"，从"管理"到"治理"，虽然只改变了一个字，但其背后蕴含的却是对社会力量的肯定与呼唤，政府职能的转变，换来的是社会活力的迸发。在乡村"三治融

---

[1] 马克思恩格斯选集（第2卷）[M]. 北京：人民出版社，2012：560.
[2] 马克思恩格斯全集（第26卷）[M]. 北京：人民出版社，2014：298.

合"治理体系中，法治的保障和德治的引领都是以实现乡村自治为目标，而乡村自治的实现需要各种多元治理主体在协同合作下，最大限度地激发社会活力、动员社会力量参与治理，最终实现治理现代化。这些都是马克思、恩格斯关于国家治理理念与中国治理实际相结合的成果。

马克思在其社会系统理论中提到，他认为社会就是一个"一切关系在其中同时存在而又互相依存的社会机体"①，而且"不同要素之间存在着相互作用"。从马克思的社会有机体理论来分析，"三治融合"治理体系是有其内在逻辑的，那就是以自治为基础、法治为保障、德治为支撑。虽然自治、法治、德治这三部分分别有各自的体系，但是，这种独立是相对的不是绝对的，并且它们之间既分工明确又有机融合。

马克思、恩格斯的相关理论对当前我国乡村治理具有积极的指导意义。"三治融合"治理体系是我国农业农村现代化发展的现实诉求，这一治理体系是我国新时代乡村振兴战略的必然选择，它遵循了马克思主义社会系统理论和国家治理理论的思想，是坚持和推进马克思主义中国化的理论要求。

（二）顺应乡村主要矛盾变化的关键举措

随着经济社会的发展，在不同时期各类矛盾有着不同的表现。这些矛盾都是乡村治理的客体，那么作为乡村治理的主体，需要采取应对这些矛盾的手段和方式，也就意味着乡村治理方式是随着矛盾的改变而调整的。自20世纪80年代开始实施家庭联产承包责任制以来，农村生产力大大解放，土地承包经营权慢慢开始流转，农民的谋生渠道拓宽，改变了农村原有的利益格局，复杂多样的矛盾便显现出来。改革开放初期，在解决历史遗留问题的同时还要通过生产关系的调整来调动广大农民的生产积极性，这就决定了这个阶段乡村治理要以村民自治为重心。

随着农民自主性的不断增强，大量农村人口外移导致村庄"空心化""老龄化"的现象越来越严重，一系列民生保障问题亟须解决，三农问题便成了我国改革的焦点。再加上城镇化的推进，农民与土地的问题、农民与村集体的问题、农

---

① 马克思恩格斯选集（第1卷）[M]. 北京：人民出版社，2012：223.

民自身的问题等一系列矛盾错综复杂,并且发生了历史性的变化:农民不再像以前一样高度依附于这些关系,而是越来越独立。矛盾的变化意味着原先单一的治理模式已经逐渐与实际情况脱轨,为了顺应时代的发展和遵循客观规律,就要求我国在不断扩大基层民主、理顺党群干群关系的过程中创新乡村治理体系。实践证明,只有将自治、德治、法治三者结合起来形成一个完整的治理体系,才能更系统有效地应对解决乡村发展中的各种矛盾,使乡村的发展充满活力与朝气。

(三) 加强乡村基层民主建设的必然选择

我国一直强调要大力发展基层民主建设,主要通过协商的民主方式促进基层的发展。协商民主,简单地说,就是公民通过自由而平等的对话、讨论、审议等方式,参与公共决策和政治生活。而基层的关键在农村,农村的民主建设在整个基层民主建设中有着举足轻重的地位。加强农村基层民主建设是实现农村治理体系现代化的重要环节,它通过民主的方式将农村的利益共同体结合在一起,使治理更加协调公平。

协商民主作为一种新型的农村基层民主形式,主要是为了减少矛盾的冲突,力求实现农村自治主体间的良性互动。村民在村委会等基层自治组织的领导下,通过参与一系列协商会议,对国家下达的政策中与本村公共利益相关联的内容,以及村内公共事务和公益事业等问题进行协商管理,对村委、村干部等领导班子进行监督。村民以这种民主的方式参与治理,能最大限度地深入人民生活中,反映民情民意,甚至细化到村民生活的方方面面。与此同时,也能够加强干部与村民之间的联系,缓解干群关系紧张问题,推动农村基层社会和谐发展。再者,在参与民主协商的过程中,村民自治的主体地位得以稳固,自治权利得以行使,自治能力得以锻炼,最终达到自我管理、自我教育和自我服务的目的,在一定意义上也推动了农村治理现代化的进程。

村民在农村基层民主建设中的主体地位是不容置疑的,但现如今农村治理的主体情况不容乐观。随着经济和教育的发展,大量农村青年外出打工,学生外出读书,留下来的农村住户大部分都是文化水平偏低的村民,其中留守儿童和留守老人居多。留下来的这些人群都是村民主体中的短板,而往往短板是决定一项工作成败的关键。治理主体的代表性不强，由此暴露出来的问题不容小觑：村民反映的问题由于局限性，无法代表最广大村民群众的根本利益。当然，乡村中也不乏一些能力出众的人才，再加上新乡贤的引进，这部分人会逐渐承担更多任务，获得相应的权利。与此同时，一些村民便会单方面地将这些乡贤当作靠山，认为处理村务是这些人的事，从而消极应对村务，甚至拒绝参与乡村治理，这对乡村民主建设是十分不利的。这个时候就要发挥德治在乡村治理中的作用。"乡村治理是指利用乡村公共权威管理乡村社区，实现公共利益增加的过程，公共权威可以来自官方、来自民间或者二者兼有"。[①] 农村作为传统文化的重要基地，更加注重德治的引领作用，道德的感化作用更易被村民们接受和吸收。村委、村干部等领导班子可以通过村民喜闻乐见的方式将村民在乡村治理中的重要性以及在治理中应当遵循的协商宽容、公平公正等价值观普及给他们，比如通过大喇叭、村务展示栏、村民微信群等多种渠道将正确的价值观潜移默化地融入村民的头脑中。在激发村民参与乡村民主建设的同时，让德治与自治在更大程度上相结合，从而提高乡村治理的效率。

在乡村民主建设中，由法律法规的不健全导致的乡村治理不顺利的问题十分突出。一方面，由于基层治理程序的欠缺，一些地方在选举时存在贿选、干涉选举流程等问题，有些道德水平低下的村民通过不正当方式获选，最终导致选举质量不高，选举出的村干部并不能够胜任职位，缺乏集体责任感和服务意识。在领导乡村治理过程中投机倒把，忽视村民的根本利益，利用公职为自己谋取个人利益，隐藏掩盖问题，注重面子工程，等等。这样下去违背了乡村民主建设的理念，村民的根本利益受到很大程度的侵犯，乡村治理的效率也大大削减。另一方面，法律法规存在的漏洞让某些谋私利的人钻了空子，人民群众最关心、最想要得到解决的问题被忽视、无法得到落实。村民的治理主体地位形同虚设，村民的治理积极性受到打击，这是单凭自治和德治所无法解决的问题。面对这样的矛盾，国家要健全法律法规，特别注重将法律法规同基层民主建设协调衔接，确保在乡村治理中，法治与德治、自治相结合，充分发挥法治的重要作用，让有效实用的法律能够真正深入农村治理之中。

---

① 俞可平.治理善治[M].北京：社会科学出版社，2002：86.

因此，乡村基层民主建设离不开自治、法治、德治"三治融合"的治理体系，只有在这样的治理体系下，乡村基层民主建设之路才会越走越远、越走越好。

（四）实现乡村振兴战略目标的本质要求

乡村振兴战略是基于我国社会主要矛盾的转变而提出的解决对策，这个战略的提出是我们实现共同富裕的必经之路，也是深入推进社会主义现代化建设的重要步骤，更是为实现中华民族伟大复兴的中国梦增添了丰富的内容。

党的十九大报告中强调，中国特色社会主义进入新时代，"我国社会主要矛盾已经转化为人民日益增长的美好生活需要和不平衡不充分的发展之间的矛盾"。[①] 虽然我国社会主要矛盾发生了一定变化，但我们对我国社会主义所处历史阶段的定位并没有改变，那就是"我国仍处于并将长期处于社会主义初级阶段的基本国情没有变"。[②] 而乡村作为人类活动的主要空间之一，是我国主要矛盾最为突出的地方，也是我国社会主义初级阶段特征最为明显的地方。这就说明在社会主义现代化强国的建设过程中，农村肩负着最繁重、最艰巨的使命和挑战。随着我国的发展，农村人口数量每年都会发生变化。尤其是改革开放以来，我国的社会结构发生很大变化，工业化的发展和城镇化的推进，使得我国城乡人口流动与以往大大不同，大量农村人口涌入城市，这些人口大部分都是青壮年，有些人户籍也会随着迁入城市，有些虽然户籍还在农村，但由于长期外出打工或者一些学生外地读书，抑或为了享受农村优惠政策而将户籍迁回农村等等一系列复杂的原因，导致出现户籍在农村但并不是农村常住人口的现象。这也就意味着农村常住人口大部分为留守老人和小孩，缺少了青壮年的农村就等于缺少了生机与活力，在不同程度上，农村"空心化"的问题就越来越严重，在其背后所反映出来的乡村发展不平衡、不充分的问题也会越来越凸显。因此，乡村振兴势在必行，必须在农村打好坚实的基础，激发农村的潜力和后劲，才能有效地推进我国社会主义现代化建设的进程。

---

① 习近平.决胜全面建成小康社会夺取新时代中国特色社会主义伟大胜利 在中国共产党第十九次全国代表大会上的报告 [M].北京：北京人民出版社，2017：11.

② 习近平.习近平谈治国理政（第3卷）[M].北京：外文出版社，2020：10.

要想让"治理有效"的要求贯彻落实到乡村治理实践中，乡村治理必须要有坚实的组织基础和权威的制度保障，坚持以德治为基础、以法治为保障、以自治为目标，构建"三治融合"的乡村治理体系，使乡村治理不再走传统单一管理的老路，而是多元合作治理的康庄大道。

（五）推进国家治理体系和治理能力现代化的重要基石

乡村治理作为国家治理的微观层面，其内涵与国家治理必须达成同步。实现乡村治理现代化就是要告别过去以政府为主导的一元式权威治理模式，在治理主体组成上更强调其多元性，除了村民、基层党组织、以村委会为代表的村民自治组织，还包括各类农村企业、各类社会服务组织等，更加强调乡村自治主体间的协调合作。在治理体系上主张"三治融合"，通过德治的价值引领和法治的法律保障，把讲道理和讲法律结合起来，让自治更加公平规范，同时"三治融合"的治理体系体现了包容性和开放性，而新时代乡村治理现代化正是需要包容开放的治理环境来进行乡村民主建设，在满足村民对美好生活需要的同时，提升治理能力。

乡村治理作为基层治理的主要方面，乡村治理得好坏是国家治理能力高低的关键缩影，关乎整个国家的稳定与发展。在乡村振兴战略下实施"三治融合"的治理体系，是贯彻落实共治共享现代治理格局的体现；是改革创新基层治理体制的体现；是落实国家治理现代化目标的体现。因此，构建"三治融合"的乡村治理体系是推进国家治理体系和治理能力现代化的重要基石。

第二节 乡村"三治融合"治理的典型案例

一、浙江省温岭市推行基层"党建+网格化"

浙江省温岭市被确定为我国第一批乡村治理体系建设的优秀案例。近两年来，全市秉承党建引领，深化"党建+网格化"治理模式，构建"镇（街道）党委（工作）、村（社区）党组织、网格党员小组"三级组织架构，把党的组织力量扩展到基层治理的每一个微观单位，实现基层党建与基层治理的深度融合，促进基层政府的不断完善，实现新乡村管理模式。

温岭市在推行"党建+网格化"过程中，规划完备、科学合理地逐步推行。政府以及相关部门深入调查、研究，科学地开展网格化基层党组织建设。网格化管理的重点在于合理设置网格，织密组织体系，实践乡村和社区的精细化运作。在具体实施过程中，首先，根据当地情况划分网格区域。根据村庄和社区的地域特征、人口、住房分布和人们的生产生活习惯，将相邻的多个村庄群或多个建筑物组合在一起形成一定的网格区域。在党建"微网格"的基础上，将综合社区治理网格和服务网格集成到一个网络中，实施"多网格融合"，促进资源和功能的有效整合。其次，坚持党组织统一领导。按照网格搭配党支部的模式，在基层党组织和村"两委"成员的统一领导下，整合网格内所有党员，建立网格党支部或党组。任党支部书记、网格负责人、网格内部内的村干部、党员、入党积极分子作为组长，建立以党员干部为主体的、地方各类人才共同参与的新型治理模式。

二、重庆市渝北区统景镇开展"民情茶室"

重庆市渝北区以完善党组织领导下的"三治融合"乡村治理体系为目标，高举服务群众理念的大旗。在村庄设立了"民情茶室"，这是一处乡镇政府与基层群众互相了解沟通的地方，乡镇工作人员会定期来到这里，专门解答群众的困惑，茶室的工作人员认真倾听群众的需求，充分激发群众前来参与的积极性和热情，是一项创新工程。通过倾听人民群众的心声，询问他们的需要，解决他们的问题，化解分歧和矛盾。

重庆市渝北区开展的"民情茶室"本着服务群众的宗旨，创新民主议事形式，发挥自治作用，夯实基础。首先，建立以村党支部为领导核心、党群议事会为议事载体，村民委员会为执行主体、村民监督小组会为监督主体的村级运行机制，开展党务公开评价，激发群众参与村民自治的积极性，创造良好的有效自治局面。其次，发挥法律的治理作用，推动法律顾问进入民主议事室，提升基本法律服务水平，实现村级法律顾问由"基础保障"向"有效保障"转变。在民主协商组织和法治公共中心的基础上，利用手机短信、互动多媒体、电子滚动屏幕、横幅、宣传海报和公益法治节目，促进依法解决冲突和纠纷。最后，要充分发挥德治的作用，积极开展德治评价活动。通过"红黑榜"和"积分制"，引导村民主动参与村庄事务管理，自觉遵守村规民约，保持健康文明的生活方式，吸引新乡贤进行德治宣传，教育、引导、树立先进模范，营造良好的善治氛围。

三、海南省儋州市实施"村（居）法律顾问调解全覆盖"

　　党的十八届三中全会要求法治中国建设全面推进，社区、农村地区由于历史和地理因素，推行法治建设迫在眉睫，建立"三治融合"治理机制，法治建设是基础性工作。海南省儋州市组织法律顾问覆盖全市，学习法律顾问规章制度，促进村级（居民）法律顾问日常工作有序地蓬勃发展，成立人民调解委员会，充分覆盖人民调解全过程。构建线上线下信息网络矩阵，依托市调解委员会，通过儋州线上法律网络，全面开展网上受理和视频调解纠纷，实现"随时随地服务"的民间调解。海南省儋州市实施"法律顾问调解全覆盖"的治理方式，通过做实、做好基层法律顾问工作，加强法治乡村建设，建设美丽法治乡村。在民生服务上，在具体实践中，为村民做好基层法律服务工作，通过儋州市的优秀经验可以总结以下几点：一是完善法律服务体系。建立公共法律服务中心、公共法律服务点、村级法律顾问三级公共法律服务体系，形成法律服务圈，全年服务乡镇和村一级群众。二是做好法律宣传工作。在基层开展法律宣传工作，要确定好宣传服务对象，法律宣传面向全体，根据年龄、工作进行分类，安排法律志愿者进社区、进农村，进行每月定期的宣传与跟进。三是做好人民调解工作。基层事务繁杂，村民之间的矛盾时有发生，因此做好基层法律调解能够有效化解矛盾，提升村民的生活幸福度，成立各个行业的专业性人民调解组织，组织专业调解员发挥调解作用，在法律调解上，不仅注重建立基本的联合调解机制，还积极构建线上线下的信息网络。

四、宁夏回族自治区固原市实行乡村"积分卡制度"

　　过去，宁夏回族自治区固原市存在着村级组织吸引力弱、环境差、社会保障隐患多等问题。因此，固原市正在探索以家庭单位为试点，量化村庄生产、生活和环境保护做法，形成积分，然后将这些积分兑换为日常需要用品，以鼓励村民文明行为的出现率，提高文明水平。在积极探索积分制的过程中，固原市主要从以下几点着手：一是完善一体化体系，建立一体化格局。采用物质激励机制，让村民用积分换取生活必需品，建立积分名册，以家庭为单位，累计积分。二是规范积分管理，完善监督机制，以乡镇一级为主体，以村委会为实施主体。村"两委"小组负责成立打分小组和监督管理小组，解决"谁打分"问题。三是建立长效机制。实施积分制制度的关键是树立正确的导向，促进正能量的发挥，有意识地让群众参与到村级管理中来，逐步建立有效的激励机制。每个试点村依托现有食堂、便利店、村集体空置岗位，建设文明实用的生活超市，由村代表大会民主决定选择经营者为群众兑换商品。

五、乡村"三治融合"治理的经验总结

（一）注重强化基层党组织建设

基层党组织建设是完善乡村治理的重要一环。针对基层党组织建设面临的新形势、新任务，我们不断探索和加强基层党组织在农村治理中的能力建设，取得了丰富的经验。

一是扩大党的工作范围和社会影响力。在积极加强对于基层治理的领导之外，重点加强非公有制经济组织的党组织建设，打通乡村治理的"最后一公里"，坚定不移地加强对于乡村治理行动的领导作用，将党的领导触角深入到乡村的治理事务的全过程。

二是创新村级组织形式和基层党组织形式，不断革新村委会领导小组、村级经济组织、村一级志愿者团队、公益组织、村党支部的组织形式。

三是加强基层党建的基础工作。近年来，各级各类基层党组织结合自身实际，不断探索建设服务型党组织的途径，在工作实践、建设平台、其他网络、其他建设载体等创新形式上学习和积累了许多新经验，无论从形式还是从效果上看，基层党组织建设增强了服务的力量，拓宽了服务空间，促进了服务的发展与和谐，促进了人的服务，促进了服务的组织，为基层服务组织的建设开辟了新的

途径。

(二) 创新自治协商共治载体

创新农村村民自治载体,对于加快民主政治建设进程,农村社会稳定的维护,促进农村发展具有十分有效的经验借鉴。

一是推动发展农村地区民主政治。通过发展村民自治,增强村民自治意识,在推进乡村自治过程中,创新发展自治协商机制,各地建立民主评议会、乡村听证。另外,在积极响应整治农村陋习的号召中,成立了红白理事会、禁毒禁赌组织等,为党领导下的社会主义农村民主建设的成功铺平道路,从根本上加快农村民主建设进程。

二是努力维护农村社会稳定。通过发展村级自治组织,真正把监督权、参与治理的主体性交到农民手中,让他们依法行使权力,创造自己的幸福生活,从根本上推进廉政建设,提高农村社会公德,探索化解农村社会矛盾和农村社会问题的高效渠道。

三是调动农民积极性。创造性地培养了农民的民主法律意识,加快了中国民主政治的发展进程。

四是要坚定不移地坚持基层党组织的领导。基层党委和村党支部在村民治理中有效发挥了领导作用,基层党组织在村民自治组织领导过程中得到了锤炼,积累了新形势下领导村民团结的经验,在解决重大风险方面取得了先进的科学经验。

(三) 推动法治保障社会秩序

基层法治建设作为"三治融合"的重要一环,近年来各地积极探索,推进法治国家、法治政府、法治社会的协同共建,地方法治保障能力不断加强,法治建设取得了丰富的经验成果,主要体现在以下几点。

一是规范执法程序,公正执法日益成为地方法治建设的重要借鉴,考验了人民政府的行政能力。近年来,提高行政执法能力越来越受到地方政府的重视。在具体推进过程中,各市积极整合法律资源,建立了村委会,以促进法治活动的开展，有效地预防和解决一些农村矛盾，提高地方政府行政效率和执法能力。

二是加强法治宣传，积极利用法律宣传重要节点，例如，在"12·4"国家宪法日期间，定期开展普法活动，宣传"3·15"消费者权益普法活动，号召大学生和志愿者的广泛参与法律宣传，开展大学生和志愿者下农村活动，协助村干部帮助解决基层群众日常难题，维护消费者权益，提高了村民对法律重要性和可靠性的认识。

三是合理利用新型网络技术手段加强法律宣传，在互联网上创建法律专栏，利用新媒体通过互联网、人工智能和大数据传播法律知识，不仅可以丰富村民的文化生活，创新农村治理，还可以使村民在休闲活动中融入有用的法律知识，营造良好的法律氛围。

(四) 坚持德治实现乡风文明

改革开放以后，乡村的经济不断得到发展，进而影响了乡村人民群众的生活方式，风俗习惯也经历着巨大的改变，为了更好地推动德治建设，推进乡风文明，提高村民的道德素质，各地做出了巨大努力，文明乡风建设取得了长足进展，在破除封建迷信、提倡婚丧事等的简单化方面下大力气。在深化德治的思想建设基础方面，各地积极响应，破除封建迷信习俗的活动在全国广泛开展。在基层设施建设上，各地全面开展乡风文明的相关活动，通过建设图书屋、基层文化宣传站等设施，利用互联网、远程教育等工具在乡村开展了文化宣传活动，在此基础上召开村民代表大会对村中事务进行思想交流，方便基层干部倾听村民的想法、听取村民的建议。另外，通过加强文化建设，深入挖掘本土文化资源，充分贯彻落实社会主义核心价值观，对于乡村的不良行为开展德治讲堂进行批评教育，不断增强村民的集体意识、责任意识，弘扬中华传统民族的优秀品质。

第三节 "三治融合"乡村治理体系的构建

为了解决"三治融合"治理体系在构建过程中面临的难题，我们要加强理念建设、治理主体能力建设、治理机制建设，推动"三治融合"在乡村治理中发挥更大的作用。

一、强化"三治融合"的理念建设

（一）倡导"三治融合"理论教育学习

"三治融合"治理理念在乡村治理中发挥指导性作用，就是在不断推进理论大众化的过程中实现的。

"三治融合"理念作为顶层设计，要想切实有效地应用在乡村治理的实践中，首先要做的就是要让乡村各治理主体了解它、掌握它。那么基层党组织作为乡村治理的主力军，它是连接党中央和基层的重要纽带，党中央的方针、路线和政策的落实与否直接取决于基层党组织如何开展工作。因此，为了贯彻落实"三治融合"治理理念，基层党组织要充分发挥政治引领作用，坚持"两学一做"，认真学习党中央关于乡村治理方面的重要思想，深入领会"三治融合"治理体系的内涵和要义，确保基层党组织在贯彻落实党中央"三治融合"治理理念中发挥领导作用。基层政府可以在法律允许的范围内出台关于"三治融合"的学习手册，下发到村里，以供各自治主体学习掌握。

其次，乡村自治组织中最具代表性的就是村委，村委作为村民自治的代表组织，要脚踏实地地从村民的根本利益出发，严格执行上面传达的政策，做到职责不缺位。村干部应当在自身学习的基础上，组织村民学习"三治融合"理念集体活动，注重发挥传统媒体、新型媒体的作用，广泛宣传"三治融合"的精神实质。例如，可以在全村召开"桐乡经验"学习会，将浙江省桐乡市高桥镇在乡村治理的各个方面借助多媒体设备通过音视频的方式展示给村民，如果条件允许可以带领村民代表去浙江省进行实地考察。对当地贯彻落实"三治融合"体系取得明显成效的典型村庄进行表彰和宣传，除此之外，还可以借助村务公告栏，进行"三治融合"公益广告的宣传，针对规模较小的村庄，挨家挨户上门普及也是切实可行的。总之，村级领导班子要做好"三治融合"理念宣传工作，制订不同阶段的宣传重点，让"三治融合"理念深入民心。

最后，乡村治理的力量来自人民，智慧也来自人民，村民作为乡村治理最终的受益者，要树立主人翁意识，积极主动地配合各部门工作部署，认真学习了解"三治融合"模式，从学习中了解自己在乡村治理中的权力和义务，增强对"三治融合"模式的认同感。村民也可以在学习的基础上，根据村庄实际情况，积极主动地与大家交流互动，为村庄的治理贡献自己的智慧。这样一来，就能有效预防在治理工作中村民与领导干部发生不理性的冲突，为乡村治理工作节省成本，促进效率的提高。

理论是行动的指南，"三治融合"作为乡村治理的指导性理念，各基层党组织和自治组织应当高度重视对"三治融合"理念的学习宣传工作，让"三治融合"的理念走进乡村，走进民心，为乡村治理不断实现现代化奠定扎实的理论基础，指导乡村治理工作整齐有序地不断推进。

（二）扩大普法宣传，完善德治规范

德治是利用传统文化的舆论力量来约束规范人的行为的一种治理方式，而法治是人为的具有强制性的治理手段。乡村社会注重人情，而人情社会与道德习俗又是紧密相连的，这些道德习俗稍加引导利用就可以与法治相辅相成。

新时代下，完善德治规范要求我们在坚持以社会主义核心价值观为指导的前提下，结合乡村实际情况重塑乡村社会规范，坚持实事求是的原则，将村规民约置于相关法律法规政策的框架中，积极引导和监督村民按规定践行村规民约，对违规违约现象做到及时处置。在德治规范完善的过程中，要走进农户家中，做到精准规划，与农户多沟通、多商量，根据村民们最关心的诉求问题有针对性地对原先的道德标准做修订和补充，积极开展道德讲堂、道德评议、乡贤人物宣传等活动，提高村民们道德约束的自觉性和积极性。

"三治"合一的乡村治理体系是以自治激发基层和群众的创造力，以法治合理规范群己界限，以德治强化对共同体的责任。完善德治规范离不开法律的支持与保障，那么在法律基础薄弱的乡村地区，完善德治规范就必须要加强普法宣传。为了扩大普法工作的深度和广度，就需要进一步健全普法机制、丰富宣传载体、突出宣传重点，提高法治宣传的时效性和针对性。对于文化程度普遍偏低的乡村地区来说，生硬的法律条文枯燥且难懂，普法的方式应做到喜闻乐见。法律进乡村的方式多种多样，比如，召开法治讲座、建立法治文化广场、设立专门的法律援助场所等。

二、推进"三治融合"乡村治理主体建设

（一）提高各治理主体的能力

1. 加强基层党组织建设

基层党组织作为组织基础，能够为党中央政策的落实提供保障，促进"三治融合"治理体系的加快构建，确保三农工作顺利进行。

加强基层党组织建设，首先要实现基层党组织的全面覆盖，尽量在所有需要的地方都发展基层党组织，充分发挥党组织的领导作用，比如，在党组织薄弱或者经济发展落后的贫困村派去"第一书记"进行扶贫。

其次，思想建党作为我们党的优势要求党员必须提升自身政治素养。这就需要基层党组织领导党员同志做好常态化教育培训工作，按时开展党日活动，加强党性教育培训，尤其是在如今大数据时代下，要充分利用好网络的便捷性、共享性以及实时性，通过互联网实现远程教育，让基层党员同志能够随时随地及时进行政治学习。同时也要完善选举制度，让真正政治素养高的人进入党组织。

再次，要为乡村党员队伍注入新鲜有活力的血液，让党员队伍壮大起来。比如一些致富能人、退伍军人、乡村教师、乡村医师等乡贤都可以通过严格选拔发展成入党积极分子。一般来讲，这些乡贤在农村都拥有一定的话语权和号召力，发展这些乡贤加入基层党组织，有助于加强村民们对基层党组织的信赖和期望，也有助于稳固基层党组织在乡村治理中的领导地位。

除此之外，要"加强基层党组织的执行力"。[①] 基层党组织只有在治理乡村上达到善治，才能维护乡村秩序，才能立足于乡村。然而要想实现善治，就要到村民中去，树立问题意识，了解什么才是村民们最迫切需要解决的现实问题，以

---

① 郑中华. 基层党组织建设的政治逻辑 [J]. 人民论坛, 2018 (24): 92.

为村民排忧解难为工作原则和目的，提升村民的安全感、获得感和幸福感。

最后，要加强对基层党组织的监督约束。通过完善监督制度和加强监察力度，让基层党组织的行为在阳光下得到规范。

只有基层党组织建设好了，才能更好地发挥领导作用，在尊重个体差异的基础上协调多元主体合力共治，推动"三治融合"治理体系高效运转。

2. 加强基层自治组织的能力建设

要发挥村民委员会的积极作用，加强村干部素质培训，规范村干部的办事方式，转变老干部滞后的治理理念，打破其陈旧的思维观念，避免用经验主义去解决问题。除此之外，村干部要加强责任意识，处理好与村民们之间的关系，始终端正为村民服务的态度，坚守治理本质，不可滥用治理权力。

3. 积极培育新乡贤

"乡村自身的内生秩序控制力量离不开乡村精英力量的形成与推动"。[①] 在乡村振兴战略进程中，"新乡贤"作为治理主体扮演着突出的时代角色。这些人是乡村与城市之间的纽带，他们中有的是土生土长的农村人，但却有着较强的经商头脑和业务能力，属于地方经济能人，抑或是长期扎根于农村，有着较强的村务处理能力和良好的名声威望；有的出生于乡村，但成长环境却是在城市，并在城市中发光发热，有所成就。总而言之，这些人之所以被称为"新乡贤"，是因为他们有以下几个共同特征。

第一，新乡贤有着强烈的社会责任感以及为集体付出的奉献精神，他们对自己的家乡有着深厚的感情，他们热爱家乡，关注家乡的发展，并希望能为家乡的建设贡献出自己的力量。

第二，新乡贤品行端正、为人善良正直，有着高尚的道德情操和较高的文化水平，是社会主义核心价值观的践行者和引领者，再加上他们在村中有所威望，能够凝聚人心，他们的言行举止往往能起到带头示范的作用，影响着村民的态度和选择，他们自觉主动地传播传统美德，弘扬正能量，引导村民树立正确的人生观、世界观、价值观，由此可以提高治理过程中意见和行为的一致性，从而减少

---

① 李强彬. 乡村"能人"变迁视角下的村社治理 [J]. 经济体制改革, 2006 (5): 90.

乡村邻里之间的矛盾纠纷，最终提高乡村治理的效率。

第三，新乡贤基本都是在某一领域内有所成就的成功人士，他们聪明能干，大部分具备先进的文化视野以及专业的职业技能和广泛的人脉资源。目前乡村的新乡贤主要包括成功商业人士、退休的公职人员、教师专家学者等。他们用自身的影响力为乡村治理主体注入新鲜血液，是乡村治理的内生资源和动力，推动乡村治理在实践中不断创新发展，使乡村治理体系和治理能力现代化越来越完善。因此，培育新乡贤的任务十分重大。

国家要以新乡贤的乡土情结为突破点，为新乡贤的回归提供政策支撑，出台相关政策鼓励支持新乡贤回归乡村，比如将新乡贤纳入基层党组织的体制内，不断壮大新乡贤队伍，让越来越多的优秀人才反哺家乡，投身乡村治理的事业中来。在乡村治理面临着价值体系和评价标准的多元化以及村民自身局限性和对接中央发展要求的种种挑战下，新乡贤的工作在一定程度上存在不小的压力。这就需要市委、市政府与他们建立定期的联系，掌握他们的工作动态，在需要时给予帮助和支持，定期组织新乡贤进行相关方面的培训学习，通过学习不断提高他们自身的治理能力，为村民们起到更好、更优的带头示范作用。除此之外，面对村民对新乡贤先进事迹的质疑与抹黑现象，市委、市政府要及时帮其辟谣正名，必要时对不法村民进行正确的思想政治教育引导，给予受委屈的新乡贤关怀和安慰，引导他们勇于面对和正确处理矛盾，以确保乡村治理工作顺利进行。

（二）加强各治理主体之间的协同合作

1. 要发挥基层党组织的领导作用

乡村治理是基层党建的重要内容，从乡政村治到放权自治再到多元共治都是党建在乡村治理方面的表现，基层党建在整个乡村治理中起着决定性作用。

"三治融合"治理体系下更加强调治理主体的多元化发展，治理主体多元化虽然能够形成很好的治理合力，但是也有可能出现治理主体争高低、各干各的现象，所以就需要一个能够总揽全局、协调各方的领头人。在乡村治理中，基层党组织担任治理主体的中心是必然的，这就要求基层党组织通过"好领导""好干部"引领"三治"融合。

2. 融合各种社会资源参与乡村振兴

第一，要加大对乡镇政府的监督，成立群众监察小组，推行政务公开，让老百姓了解政策，主动积极配合落实，而不是被迫完成任务。同时，乡镇政府要积极发挥引导作用，协调各治理主体间的平衡，引导它们形成合力，提高乡村治理的效率。

第二，要出台相应的法律条文清晰界定各治理主体的权力和职能，厘清乡镇政府、村党支部以及村委的界限，预防出现权力博弈的不良现象。同时，对社会自治组织也要肯定其法律地位，保证其独立性，避免带有行政色彩，沦为其他自治组织越权的工具。

第三，要加强对各治理主体综合素质的系统培训，提升治理主体的专业知识水平，指导其更好地发挥自身优势。尤其是村民作为主角，更要加强其道德修养、法律常识，使其了解如何正确行使民主权利，引导其利益诉求方式走向理性化。

第四，社会自治组织作为民间自发的组织，由于其熟悉民情民意，理应具有感召力和亲和力，为了其能在乡村治理中发挥价值，国家应当简化程序，为社会自治组织提供更大的空间，必要时可投入资金对其进行帮扶。

第四节 "三治融合"治理机制的完善路径

治理有效是乡村振兴战略实现的目标之一，针对积极推进"三治融合"的乡村治理创新过程中发现的问题，从构建领导机制、运行机制、长效激励机制、监督机制、系统嵌入机制五个方面不断完善"三治融合"治理机制，提升效能。

一、完善"三治融合"领导机制

（一）坚持党建引领"三治融合"

加强农村基层组织建设是乡村实现治理有效的有力保障。加强农村基层组织制度建设，协调各方利益，组织群众开展村民自治等活动。一是加强农村党组织建设，强化党的执政基础，基层党组织发挥"三治融合"的作用，在现有法律框架内积极管理农村村民的基本权利，以道德典范的力量影响和引导农民遵循，促进与农村地区的和谐、文明。二是充分发挥基层组织的主导作用，立足农村，深入基层，积极发挥基层政府的主导作用，支持各种农村组织的建立，积极协调农村社会关系。在基层党组织和基层政府的领导下，积极探索实现人民自治的有效途径，激发公众参与和村民自治的积极性。在党和政府的领导下，探索自治形式，不仅是党的领导不断提高的客观前提，也是提高农村治理效率的必然决定。

自治、法治和德治都有其自身的功能和作用，三者相互作用形成一个整体，但不能自然地相互融合。困难是多方面的，在治理过程中，既可能会彼此单独发挥各自功效，也可能存在两种因素相吸或者相斥的困境。通过坚持和完善基层党组织领导，可以在党的建设过程中，将自治、法治、德治统一起来，实现"三治融合"。按照党的方针政策工作，在基层党组织的领导下，最大限度地发挥自治、法治、德治的作用。乡村治理理论认为治理主体不再局限于政府，其他村级组织，包括村委会、个人团体、公益组织，都可以作为"三治融合"治理的自治载体。在履行社会治理职能时，可以通过自治、法治、德治等方式相互配合，但是，只有在党的领导下，这些治理行为才能联合起来，为实现"三治融合"共同努力。

（二）提升党员干部治理能力

农村党员干部在治理中发挥着重要作用，加强基层后备力量建设，通过遴选和培训打造一批能够掌控和推进具体乡村振兴事务的村干部。全面提高村干部素质，不断纠正村委会组织薄弱和滞后的问题，完善和优化"三治融合"乡村治理体系。重点培养基层党员干部，提高村干部综合素质，特别是加强农村"两委"干部的选拔，要重视致富带头人的领导号召作用，积极把能人志士吸纳到党组织中。在选拔村级党组织干部时，可以给予适当的优惠，拓宽村委会的就业渠道。

优化党员和农村干部成长培训机制，健全党员和农村干部选拔考核机制、培训管理机制和奖惩考核机制，利用制度保障党员和农村干部积极推进"三治融合",提高综合素质和个人素质,适应"三治融合"新时期的需要。

一方面,要丰富农村党员创新培训的内容。除了切实、细致、有效地推动"学习强国"平台的学习和"党史学习教育",还需要对农村党员干部进行培训和继续教育,打开利益诉求渠道,建立规范化、制度化机制,鼓励和领导村民参与。

另一方面,实现村庄公共权力运行的全过程监督。通过村委会、村民议事会、民主评议会等组织,鼓励和保护村民表达利益,维护共同利益和集体利益。加强村务公关,确保公开主体、内容、时间、范围以制度形式明确,村务公开除原有的公告牌、黑板、横幅、音响等,还应与网站、论坛等网络平台相结合,定期发布重要的民主决策、活动和意见,利用网络平台,提高基层党员干部主动学习利用互联网、大数据等平台的能力,掌握操作程序,加强自身能力建设。

二、建立"三治融合"运行机制

（一）强化基层治理制度保障

1. 村民自治制度

在推行"三治融合"治理模式的过程中,形成了多个自治组织。基层党组织是"三治融合"治理模式的主导核心,其主要功能是引导和促进社会治理向正确方向发展。在参与自治过程中,要从政治领导入手,推进思想领导和组织领导,确保"三治融合"建设。村委会作为基层自治的核心组织,鼓励村民直接行使民主权利,积极处理各种社会问题,发挥基层自治与国家公共服务的作用。其他自治组织主要依靠自身优势提供多种公共服务,满足村民的服务需求。推进村民自治组织形式创新,积极鼓励农村组织发挥自治潜力。从农村实际出发,创新自治组织形式,引导基层自治组织发展,提高其为农村自治和道德管理服务的能力。积极探索农村社区协商的多种形式,更新各种问题的协商讨论方式,正视村民的实际困难和问题。

2. 法治治理制度

法治是乡村治理体系的保障,法治是建立在防范风险、维护社会稳定、促进公平正义、注入活力、加强农村基本权利服务平台和体系、促进法律援助满足农民需求的基础上的。加强法治基础教育，促进法律服务向农村渗透，促进法律资源在地方层面的集中。

3. 德治治理制度

深入挖掘具有中华民族传统特色的传统美德，将新时代的特色与原有的道德标准相融合，发展出具有更新意义的新道德标准。通过将法治精神与道德相结合，强调正义和公平的原则，以促进其利益和价值。深化农村社会蕴含的道德规范，尊重道德文化规律，通过潜移默化的影响和示范，促进道德的内生和德治的长远发展。推进村规民约修订，严格管理村规民约的制定和修订过程，努力形成规范的村规民约文本，增强村规民约的约束力。

(二) 完善基层治理法律保障

1. 提高农村治理主体的法律意识

在地方一级，我们必须坚持走向"现代法治"。以"贴近群众、服务群众"为原则，以普及教育为出发点，摒弃人治观念，树立民主法治观念，弘扬民主法治精神。坚决推进民主法治建设，党的基层组织和政府要保证工作的深入和有效，就必须提高自身的政治地位，坚持以人为本、人民权利至上的理念，进一步树立执政精神和法治思想。基层民主法治建设关系到解决农民最关心、最直接、最现实的问题，关系到基层服务能力和水平的提高，必须把基层民主法治建设与群众自治联系起来，这样群众就可以实现自治。要重视基层民主法治建设与创新社会管理相结合，不断提高基层法治管理水平。

2. 做好法律普及、法律服务和法律援助工作

做好法律普及、法律服务和法律援助工作，是推进"三治融合"、推动新时期法律普及工作全面发展的重要举措。我们必须学习法律知识，积极履行公民义务，了解如何利用法律保护我们的权利，维护我们的合法利益。同时，它也不允许一些人无视法律，如对骚扰和妨碍社会治安进行处罚，从而起到威慑作用。提高基层普法工作的针对性和实效性，树立以人为本的法律普及理念和方向，积极颁布与人民利益密切相关的民法典等法律法规，为人民提供专业、准确、有效的

法律服务。在立法、执法、司法等过程中要开展实时的法律普及工作,同时也可以采用新技术、新媒体、大数据推进普法,要把提高干部群众的法治素质与推进法治建设相结合,把普法纳入整个法治进程的实际活动相结合。

三、创建"三治融合"长效激励机制

(一)激发乡村文化内在活力

构建长效激励机制,必须充分考虑农村居民的主体地位,推进农村德治建设的主体是每个农村村民,因此,在农村德治建设过程中,必须提高农村村民对农村文化重要性的认识,鼓励农村居民积极参与,积极培育新时期农村先进文化,使农村村民能够主动构建优秀农村文化。弘扬优秀乡村文化,自觉推进农村德治建设,营造自治、法治、德治并重的农村氛围。

"以德治国""德治为先"强调德治在中国农村治理体系中的主体性作用。有效的农村治理模式需要自治、法治和德治的共同推进。由于实现农村自治的两条主要途径——德治和法治,不仅有着深刻的渊源和联系,而且有着不同的特点和地位,二者形成合力,能够发挥自治主体的能动作用。道德在农村社会教育中发挥着主导作用,以培养农民良好的思想素质为重点,激发新时期新农民的道德意识。提高道德素质,使隐性道德教育成为具有较强凝聚力和领导能力的社会主义意识形态。当前,必须充分挖掘和继承地方社会特有的非正式制度规范,使之与新时期中国特色社会主义核心价值观并驾齐驱,在意识形态层面和乡土文化方面共同发挥作用,特别是要落实践行社会主义核心价值观,为乡村治理实践和乡村振兴战略服务。

(二)建立治理主体奖惩规则

在"三治融合"治理过程中,积分制可以有针对性地解决乡村治理中的难点。高效采用积分制,应根据治理主体差异设置,充分尊重乡村的情况,结合农村的发展现状。合理采用积分制,要坚持以问题为导向,鼓励多元主体参与。积分制非常重视村民的主体作用,要把全部村民纳入其中。建立积分制可以采用正向激励和负向激励并用的方式，基层党委和村委会根据基层事项确定积分的内容，明确积分的对象、积分方式、评价方式、结果奖励等环节，根据在乡村治理中起到的作用、做出的贡献确定积分的多少，对贡献较大的不仅给予积分的奖励，同时政府还应该给予精神上的鼓励，如颁发证书等。

在乡村实施积分制过程中，还要善于运用负面激励的方法，这种方法也应该运用到监督机制中去，一旦治理主体在治理过程中出现扰乱基层治理秩序，违反社会公德、道德准则，损害其他村民利益，破坏建立起来的治理规则等负面行为，要对其实行扣分制，并予以物质上的惩罚。如果不给予惩罚措施，那么就不利于"三治融合"治理机制的高效落实，很难保证治理效果的高效。通过建立起治理主体在行使治理权力过程中的奖惩规则，通过正向激励与负向激励相结合的方式，能够协助治理主体及时审视自身行为，并做出调整。

（三）完善人才激励政策

乡村振兴很大程度上是农村人才的振兴。可通过以下几个方面完善人才激励政策。

一是通过建立创新政策、财政援助、技能培训等机制，充分发挥农村人才、技术人员、科技人才的活力、技能和潜力，充分利用他们的技能，打破传统，带动周边农民致富，营造点、线、面的发展趋势。大力落实"三农"干部和人才"回流"政策，为他们寻求政策支持和情感支持，通过各种宣传吸引、推进、引导和鼓励三农干部和人才"回流"到农村的项目，进一步发展农业和农村基层干部和人才队伍，建设永不落伍的农村干部人才队伍，开创农业农村新天地。

二是加快农业和农村干部选拔、培训、管理和晋升工作。选拔和培养一支懂农业、热爱农村、热爱农民的干部和人才队伍，不仅是落实党的十九大报告提出的乡村振兴战略的具体承诺，也是干部和人才实施乡村振兴战略的重要保证。建立科学、民主、有效的选拔和培训机制，选拔和培养农业和农村发展急需、村民信任、能够真正帮助村民脱贫致富的干部和人才。

三是加快农业和农村干部人才队伍引进政策。本土农村干部队伍是农业和农村发展的中坚力量，外来干部和人才是新鲜血液，可以为乡村振兴带来新思路、新视野。为了引进人才，促进乡村振兴，必须建立人才引进机制，包括管理机制、激励机制和保障机制、晋升机制，使引进的干部和人才能够有力量和信心在农村开展实际工作。为现有干部和人才提供最合适的岗位，充分发挥他们的才能。

四、健全"三治融合"监督机制

（一）建立常态化监督机制

乡村治理的特点决定了需要推进监督机制的常态化，建立常态化的监督机制，有助于优化乡村"三治融合"治理。常态化的监督以乡村政治问题为中心，监督的内容集中在乡村干部是否具有崇高的政治信仰，是否能够坚定不移地坚持党的领导，村干部是否具有治理乡村的能力，是否具有治理能力不强的风险，要将这些指标量化为具体的考核内容。

具体还应从以下几方面着手：一是加强监督检查，消除盲点和盲区，消除风险意识，强化问题导向。我们不仅要从细节入手，审视精简文件工作会议的落实情况，减少经费开支，严格贯彻勤俭节约优良传统和政治要求，还要从典型案例和群众反映的突出问题入手，审视作风建设的深层次问题，努力解决问题。二是加强查处力度，建立查处系统，我们不仅要以制度为基础，还要以系统为抓手，不能让系统成为无用的"稻草人"。三是充分发挥外部监督作用，进一步开放监督渠道，使舆论监督得到推广和应用。各部门要高度重视责任追究，加强责任追究，严肃查处隐瞒存在问题、谎报、查处不当。

（二）推进基层法律监督

扎实推进基层法律监督是促使"三治融合"治理机制良好运转的保障，扎实推进法律监督，应做到以下几点。

一是必须加强团队的素质和技能。按照实现"三治融合"机制的要求，坚持法律道德底线，坚持规范化、专业化、科学化方向，完善执法活动和案件处理的监督制约机制，全面落实执法过程监控、质量评估、考评考核、运行情况分析，进一步推进执法规范化。

二是加强纪律和作风建设。推进"三治融合"治理过程中，深入检查基层治理过程和治理程序建设，对于忽视群众的迫切需要、不维护广大人民群众根本利益的行为要给予惩罚措施，同时坚持严格治理，坚决查处腐败违纪行为。

三是认真加强基础设施建设。完善农村地区领导机制，完善管理体制，加强乡村、政府、事业单位、法院、检察院的对接与协同建设，加强科学领导，促进农村法治建设全面发展。

(三) 扩大治理主体监督参与度

治理主体是实现"三治融合"治理机制良性运行的主体细胞。只有提高各治理主体的监督意识和监督能力，治理机制才能健康、蓬勃发展。

一方面，要加强群众监督意识的形成，提高群众监督意识，增强人民对反腐败斗争的信心，努力促进人民依法行使监督权，增强依法监督的意识。鼓励和引导人民行使这一权利，保护和调动人民行使这一权利的积极性，把权力监督看作自己的自觉行为。

另一方面，创新大规模监督的形式。建立和完善监督保障机制，确保监督的有效性，要进一步规范信访制度，运用现代信息技术，建立网上新闻中心，通过互联网和网上信息意见信箱更方便地与公民联系。提高信访工作的档次和质量，认真对待和解决群众反映的信访问题，保障群众民主权利。广泛宣传信访监管规章制度，公布信访监管机构的位置和电话号码，建立信访通知箱，设立地方分支机构，规范监管人群，提高监督效果。

五、构建"三治融合"系统嵌入机制

(一) 推进治理行为功能互补

"三治融合"治理需要三者在各自发挥作用的同时，实现功能互补。在实际应用中，为保证农村"三治融合"治理体系的建立，必须为村民提供完善的自治平台，保障村民自治和基本权利的实现。

一是增强法治在道德治理中的规范作用。在农村管理中，必须制定完善的村规民约，充分发挥村规民约的作用，许多村规民约根植在深厚的文化基因中，一直在乡村治理中发挥重要作用。构建"三治融合"的系统嵌入机制，就要充分利用村规民约在解决农村基本问题、营造良好法律氛围、促进乡风文明上的重要引领作用，加强农村法治建设，提高村民的法律意识，使村民更多地接受村规民约。要采取灵活多样的方法，确保村民遵守村规民约。通过建立合理的奖惩机制，对遵守村规的村民及时给予奖励，同时也要对于违反村规民约的村民给予惩罚。

二是发挥自治主体在农村治理中的自治，要求充分考虑到法治的强制性规范的作用。要切实加强法律监督，消除各种腐败现象，消除农村地区的不良势力，切实保护弱势群体的利益。因此，有必要加强农村司法制度建设，一方面要加强现有执法体制和司法体制的改革；另一方面，在农村可以设立调解中心，加强对相关人员的教育和培训，有效提高其办案能力。

（二）搭建双向衔接平台

自治、法治、德治不应是独立举措，在治理过程中应该表现出"乘数效应"，在推行"三治融合"治理过程中，要因地制宜，结合基层特点，选择适当的模式，同时要加强自治、法治、德治三者之间的沟通交流，打通三者之间存在的壁垒，畅通沟通渠道，实现三者共治的局面。

搭建线上智慧数字平台是拓宽自治、法治、德治双向衔接的重要举措，"三治融合"治理基于线上科技手段，通过线上公开，拓展公开便民服务功能，为乡村自治、法治、德治搭建数字平台，通过提高信息的透明度以及交流畅通度，提高村民积极性，增强德性修养。通过开通"书记信箱"，能够广泛收集各项信息，通过法律手段及时解决问题，政府按政务公开要求打造智能工作流程，将政务信息全面融入社区农村工作，让群众的办事落到实处。乡村社会智慧治理体现了多元的乡村治理主体、协同的乡村治理机制、精细的乡村治理方式、规范的乡村治理手段、高效的乡村治理过程。搭建"三治融合"治理的数字平台是未来乡村治理的方向，有助于提高治理水平。

不仅要科学界定自治、法治、德治的范围和界限，在实施乡村自治过程中，还应充分调动多元主体的积极性。乡村治理理论认为治理主体不仅是政府，还应包括村民组织、组织团体、公益组织等，在不同治理主体进行乡村治理时，应根据各自特点选择合适的路径。政府组织、基层党员干部应充分利用法律，提高法治修养，在处理和解决问题时做到有法可依，拓宽自治主体与法治的沟通渠道。充分利用新乡贤在自治、法治、德治中的重要作用，新乡贤在行使治理权力时，要做到与德治相结合，在发挥自治效能时，充分考量治理依据。所有的治理主体都应该充分意识到，在行使治理权力过程中，每个行为都是治理的关键环节，各治理主体积极发挥主观能动性，拓宽治理渠道，将法治、德治运用到乡村治理中去。

（三）充分发挥新乡贤的作用

中国农村传承千年的优秀传统文化孕育出了独特的乡贤文化，对于新乡贤的概念，最早开展乡贤文化的山东省邹城市唐村镇将新乡贤概括为："老百姓心中的自己人、党委政府眼中的明白人、支部书记眼中的德高望重者。"[①] 当下，在推进"三治融合"机制的建设过程中最重要的是寻找一个合适的结合点和关键点，以此来最大限度地激发乡村内生动力。乡村"空心化"的问题急需有威望、懂法律、懂习俗的人来搭建村民、村干部、基层政府之间的联系的桥梁，另外，在推进法治建设中，可以在法律普及、宅基地方面给予指导。新乡贤还可以充当德治角色，以此来解决德治主体缺失的问题。新乡贤参与乡村治理，关系到党和国家乡村振兴战略的贯彻实施，关系到"三治融合"的机制建设，要实施好这一战略，必须科学制定规划，强化制度供给。

引导新乡贤参与乡村治理，发挥其多元主体作用，要在上级部门的指导下推进相关工作的开展。各地要因地制宜地采取合适措施，促进各类新乡贤参与乡村振兴。一是充分发挥党的政治优势，努力拓宽新乡贤参与乡村治理的渠道，以各种形式为新乡贤提供政治支持，针对各地的实际情况，完善新乡贤的保障、待遇、绩效考核等方面的规定，充分提高新乡贤参与"三治融合"治理的积极性。

---

① 杨义堂，陈力，于宏文. 新乡贤归来 [M]. 济南：山东人民出版社，2018：93.

二是不仅在政治上支持新乡贤，而且要建立详细具体可行的奖励政策鼓励新乡贤投入乡村治理的建设中。三是创新新乡贤交往方式，加强与新乡贤的联系，不仅要利用互联网新兴媒体，同时还应当建章立制，实现长效机制。

第五章 乡村振兴背景下乡村数字治理的创新研究

第一节 乡村数字治理的缘起及内涵拓展

一、乡村数字治理的缘起

数字乡村是未来乡村发展的新形态。数字乡村的内涵是以新一代信息通信技术作为农业生产经营的新工具、农民生活幸福的新驱动、乡村生态保护的新手段，以信息化赋能农业生产、经营、管理、服务等环节，不断提高农业农村数字化、网络化、智能化的水平，提高农民生活的智慧化水平，促进农民收入稳步增长、生活质量显著提高。

以 5G 网络、大数据、物联网、人工智能、云计算、区块链等为代表的新一代信息技术为新时代乡村治理提供了新思路、新工具、新渠道。数字赋能乡村治理是实现乡村治理现代化的内在要求和方法手段。数字乡村是数字中国建设的重要内容，是实现农业农村现代化的根本举措。数字赋能乡村治理是进一步完善新时代乡村治理体系的重要内容，是提高新时代乡村治理效能的重要手段。2019年5月，《数字乡村发展战略纲要》发布，确立分四个阶段推进实现数字乡村发展目标，提出数字乡村建设的 10 项基本任务，即"加快乡村信息基础设施建设、发展农村数字经济、强化农业农村科技创新供给、建设智慧绿色乡村、繁荣发展乡村网络文化、推进乡村治理能力现代化、深化信息惠民服务、激发乡村振兴内生动力、推动网络扶贫向纵向发展、统筹推动城乡信息化融合发展"。《数字农业农村发展规划（2019—2025 年）》提出要"推进管理服务数字化转型，建立健全农业农村管理决策支持技术体系和重要农产品全产业链监测预警体系，建设数字农业农村服务体系、农村人居环境智能监测体系、乡村数字治理体系，推进乡村治理现代化"。乡村数字治理体系已经成为推动乡村治理现代化的重要方向和核心要义。2020年5月，中央网信办、农业农村部等四部门联合印发《数字乡村发展工作要点》，进一步厘清了数字乡村建设的战略目标、关键措施和制度保障。乡村信息基础设施建设是推动数字乡村建设的实践基础，发展农村数字经济是数字乡村建设的物质基础，建设智慧绿色乡村是数字乡村建设的生态基础，繁荣发展乡村网络文化是乡村数字建设的思想基础，深化信息惠民服务是数字乡村建设的价值诉求，推进乡村治理能力现代化是乡村数字建设的前进方向，激发乡村振兴内生动力是乡村数字建设的根本任务，推动网络扶贫向纵向发展和统筹推动城乡信息化融合发展是乡村数字建设的两项重点任务。数字技术赋能乡村治理是破解新时代乡村治理现代化困境的新出路，是推动乡村数字建设的现实要求。2021年中央一号文件提出大力推进数字乡村建设，强调要"加强乡村公共服务、社会治理等数字化智能化建设"。由此可见，乡村治理数字化建设已经成为乡村治理现代化建设的重要内容。加强数字技术赋能新时代乡村治理研究、构建完善的乡村数字治理体系已经成为当务之急。

二、乡村数字治理的内涵拓展

乡村数字治理可以从理论基础、基本要求、基本特征、本质内涵四个方面进行内涵拓展。

（一）乡村数字治理的理论基础

新时代乡村数字治理的理论基础主要有数字理论、治理理论、公共管理理论。厘清新时代乡村数字治理理论的主要来源，对构建该理论的基本框架体系和研究范式具有重要的指导意义。

1. 理论来源——数字理论

要理解数字理论，必须首先厘清数字技术的理论内涵。数字技术是指以5G网络、大数据、云计算、人工智能、物联网、区块链等为代表的新一代信息技术。数字技术拓展了乡村治理的治理空间，重构了乡村治理的社会关系。数字技术赋能经济、政治、文化、社会、生态等各领域的乡村建设及其治理，构建了乡村经济社会发展的新模式。数字技术既是一种治理工具，本身也具有价值功能，是工具性和价值性的辩证统一体。数字技术为乡村治理赋能，为乡村治理现代化提供了新工具、新手段、新方法。数字技术具有共享性、普惠性、价值性的基本特征。数字技术的天然属性是共享互通，运用数字技术赋能乡村治理，能够实现数字信息的共建、共治、共享，从而提升农村公共服务的质量。数字技术能够消除信息壁垒，为公众提供普惠性的公共服务，让数字技术带来的福利覆盖城乡所有居民。数字技术还具有价值性。数字技术在社会经济领域的广泛应用，能够催生数字经济，带来极大的经济效益。

2. 关键理论源头——治理理论

2001年，在伦敦举办的"数字治理：数字档案、数字图书馆和科研信息化研讨会"上，正式提出了"数字治理"的概念范畴。治理理论不再强调政府管理的唯一性，而是凸显多元主体治理的协同性。治理本身具有双重属性，是价值性和工具性的统一体。一方面，治理能够构建多元、互动、自主的治理共同体，强调社会自组织网络的治理，凸显治理的自主性，这就是治理的价值性；另一方面，治理彰显政府、市场之外的自组织（村委会、社会组织、行会组织等）完成对国家和社会的管理功能，这就是治理的工具性。马文祥、江源提出了新时代中国社会治理理论的三重逻辑，他们认为："在思想逻辑上，马克思主义的社会治理思想是新时代中国社会治理理论的思想之核，中国共产党的社会治理思想是新时代中国社会治理理论的思想之基，中华优秀传统文化中的社会治理思想是新时代中国社会治理理论的思想之源。"①

乡村数字治理要综合运用整体性治理理论、网络治理理论、合作治理理论等。整体性治理理论强调协调、整合、合作，网络治理理论强调多元主体的协同性，合作治理理论强调开放性、多主体、平等性、协同性。从治理的方法分析，治理理论可以分为网络治理理论、整体性治理理论、协同治理理论、合同制治理理论等。网络治理理论强调以网络作为治理工具，注重多元主体运用网络参与社会治理。网络治理具有治理主体多元化、治理手段多样化和治理结构网络化的基

---

① 马文祥，江源. 新时代中国社会治理理论的三重逻辑：思想、理论、现实 [J]. 石河子大学学报（哲学社会科学版），2022, 36（1）：6~11.

本特征。政府部门在网络治理中起引导和监督作用，社会公众是网络社会治理的关键主体。整体性治理理论强调协调和整合。整体性治理对打造整体性政府具有重要的指导作用。同时，整体性治理还为一站式社会公共服务的打造提供理论参考。协同治理强调多主体合作治理的协同性，指的是多元主体通过协调合作，形成相互依存、共担责任的治理共同体。党委、政府、企业、社会组织、公众等多元主体承担相应的责任。合同制治理理论强调以合同作为治理的工具，合同双方在平等基础上订立契约关系。在政府与企业、个人进行合作时，政府应对合同全过程进行有效管理和监督，合同制治理可以作为政府提供社会公共服务的一种新手段、新方法。

3. 重要理论支撑——公共管理理论

公共管理理论主要关注公共组织范畴的管理活动。公共管理的逻辑起点是国家和社会的公共事务。公共管理本身具有公共性、价值性、制度性、协调性。公共管理是对公共空间的管理，不涉及私人空间。公共管理对构建自由、平等、公正、法治的社会具有重要的价值性。同时，公共管理需要借助多种制度安排去实现，通过一系列的制度规则达成管理活动的目的。治理是公共管理的理论工具和实践模式，公共管理理论的核心要义是实现公共管理的公共价值。朱德米、曹帅对公共管理的公共价值理论进行了理论阐释，认为"中国公共价值的重构需要深入研究'以人民为中心'的价值语义，以公共性和有效性为双轮驱动人民性的实现，探寻公共管理理论与实践同一的价值基础"。[1]

公共管理理论的历史演进与中国共产党的革命、建设和改革的伟大实践紧密相连。公共管理理论经历了传统公共行政阶段、新公共行政阶段、新公共管理阶段和公共治理阶段。传统公共行政阶段形成了普遍适用的、效率导向的传统公共行政理论，新公共行政阶段建构了效率优先、兼顾公平的新公共行政理论，新公共管理阶段发展了回归市场、追求效率的新公共管理理论，公共治理阶段强调多元主体参与的公共治理理论。

---

[1] 朱德米，曹帅. 公共价值理论：追寻公共管理理论与实践的同一性[J]. 中共福建省委党校（福建行政学院）学报，2020（4）：12.

（二）乡村数字治理的基本要求

新时代乡村数字治理不是孤立的时代主题，而是与中国共产党的集中统一领导、乡村治理体系现代化、新时代共同富裕等紧密相连。乡村数字治理的基本要求如下。

1. 坚持党性原则，坚定中国共产党对乡村数字治理的领导

乡村数字治理是国家公共事务管理的优化路径。党对乡村数字治理的领导是乡村数字建设的前提条件，党性原则贯穿乡村数字治理的全过程。在乡村数字治理中，要继续发挥"第一书记"在乡村数字建设中的引领作用。习近平总书记在中央农村工作会议上的讲话中指出："党管农村工作是我们的传统，这个传统不能丢。"党的领导是中国乡村数字治理的本质特征。

2. 坚持人民性原则，始终把农村居民的根本利益作为价值引领

人民性是乡村数字治理的价值诉求。人民性是中国共产党执政的本质特征。中国共产党成立以来一直把全心全意为人民服务作为党的根本宗旨，从这个意义上来看，中国共产党的党性就是人民性。乡村数字治理是新时代乡村治理的新形态，应始终坚持以农村居民的根本利益为出发点和落脚点，把提升农村居民的网络素养和数字技术作为根本任务，努力为乡村数字建设奠定理论基础和实践基础。

3. 发挥组织优势，坚持基层党组织的领导示范作用

党建引领乡村数字治理是中国乡村治理的鲜明特质。基层党组织在乡村数字治理中扮演重要的角色。基层党组织是乡村数字治理的战斗堡垒。乡村数字治理呼唤农村基层党组织的引领。农村基层党组织领导干部要率先掌握数字技术，提升自身的网络文化素养，带动农村居民不断提升数字技术，引导农村居民自主学习，共建共享数字技术学习平台。党的基层组织要把网络扶贫和城乡融合发展作为乡村数字治理的两项重点任务来抓，把基层党组织服务电商发展、推动巩固拓展脱贫攻坚成果同乡村振兴有效衔接作为基层党组织的重点工作来抓，列入基层党组织的目标考核中。基层党组织要发挥数字技术的赋能效应，通过网络教育培训、建立微信群和 QQ 群联系帮扶、乡村网络信息化公共服务等方式，为农村居

民和电商之间架起一座沟通的桥梁，促进乡村产业与市场的无缝对接，构建基层党组织领导、社会团体、行业组织、农村居民充分参与的电商扶贫培训体系。

4. 坚持法律托底，构建乡村数字治理的制度体系

乡村治理法治化是新时代乡村数字建设的必然要求。乡村数字治理必须坚持法律托底，强化法律在乡村数字治理中的权威地位，不断提升治理主体的法治素养，健全农村公共法律的数字化服务体系，加强对农民的数字化法律援助和数字化司法救助。乡村数字治理是一种法治化治理模式，必须在国家的法律法规的基本框架下进行。《中共中央 国务院关于实施乡村振兴战略的意见》（2018年）、《关于加强法治乡村建设的意见》（2020年）、《中华人民共和国乡村振兴促进法》（2021年），为新时代乡村数字治理提供了制度规范和法律保障。构建乡村数字治理的制度体系已经迫在眉睫。构建乡村数字治理的制度体系，需要从治理方式、社会发展和个人需求三个维度构建相应的制度规范。从治理方式的维度看，乡村数字治理的制度体系就是要构建自治、德治、法治深度融合的乡村社会治理制度体系；从社会发展的维度看，乡村数字治理的制度体系就是要建立健全农村数字基础设施管理制度、农村数字经济管理制度、农村基层党组织网络化制度、乡村网络文化管理制度、乡村网络生态系统治理制度等。从个人需求的维度看，乡村数字治理的制度体系就是要构建与农村居民个体需求和个人利益相适应的数字技术培训制度、数字人才培养制度、数字技术背景下的个人隐私保护制度等。

5. 体现德治优先，构建乡村数字治理的道德体系

乡村数字治理必须坚持德治优先，深入挖掘乡村熟人社会的道德规范，不断强化道德在乡村数字治理中的基础性作用，引导农村居民树立高尚的道德情操。在乡村数字治理中，可以充分利用数字技术平台，经常性开展"好媳妇""好儿女""好公婆"等网上评选表彰活动，开展寻找"最美乡村教师""最美乡村医生""最美村干部""最美家庭"等网络评选活动。乡村数字治理需要道德规范作为治理的社会基础，要把农村居民的个人道德建设摆在首位，用社会主义核心价值观引领农村居民道德品格的塑造。乡村数字治理中的道德主体问题、乡村数字建设中的道德问题、乡村数字技术人才的道德培育问题等，已经成为乡村数字治理不可回避的重要课题。乡村数字治理作为新时代乡村治理的新形态，必须始

终坚持以社会主义核心价值观为指导，发挥村规民约的道德指引作用，引导农村居民树立正确的道德价值观。

（三）乡村数字治理的基本特征

新时代乡村数字治理具有开放性、共享性、普惠性、法治性、技术性和协同性的基本特征。

1. 鲜明标识——开放性

政府数据开放是数字政府建设的重要抓手。数字政府可以实现数据开放、资源开放、场景开放和政策开放。数字开放平台应包括面向个人的数字化开放平台和面向企业的数字化开放平台。政府通过数字化开放平台，将公共数据安全有序地进行共享。数字化开放平台可以为个人提供个性化的数字公共服务。同时，数字化开放平台可以为企业提供专业数字化的数字公共服务。政府数据开放可以为平台企业提供宝贵的数据信息，为企业创造不可估量的经济效益。

2. 价值属性——共享性

乡村数字治理是一种共享治理。数字政府可以为企业和个人提供共享数据。数据共享保证了公共服务的个性化有效供给和企业运营的专业性数据供给。乡村数字治理打破了物理空间的限制，实现了数据要素的在线化共享。数字化传播加快了数据要素的自由流动，在最大限度上实现了资源的优化组合和共建共享。

3. 比较优势——普惠性

乡村数字治理可以促使农村居民享受普惠性待遇。乡村数字治理应实现数字效益和数字正义的深度融合发展，坚持效率有效和兼顾公平公正的基本原则，实现数字公共服务的均等化和可及性。乡村数字治理中需要提供更多人性化的数字技术服务，让农村居民享受普惠性的数字公共服务。

4. 重要保障——法治性

乡村数字治理需要法治保驾护航。数字乡村是一种法治乡村。数字治理是国家治理的重要组成部分，必须在国家宪法和法律的制度框架中进行。对数字平台中的排他性交易、数据封锁屏蔽、大数据杀熟等现象，还需要制定相应的规则进行规制。加强各级政府对平台经济、共享经济的监管必须依靠相应的法律法规予以规制。

5. 关键要求——技术性

乡村数字治理需要综合运用大数据、云计算、人工智能、区块链等数字技术。数字技术在乡村治理中的作用日益凸显，已经成为乡村治理的重要工具。乡村数字治理的技术性必然要求逐步完善数字治理的标准规范，特别是针对乡村数字治理关键性技术的规范。制定数字技术规范，在最大限度上释放数字技术的潜能，需要一大批掌握数字技术的人才。乡村数字治理中的技术问题是推进乡村数字治理的最大"瓶颈"。政府部门的领导干部应率先掌握数字技术，在乡村数字治理中起到关键的引领作用。

6. 实践品格——协同性

乡村数字治理属于社会治理的基本范畴，构建数字乡村社会治理共同体已经被提上重要的议事日程。乡村数字治理是一种协同治理。乡村数字治理需要党委、政府、行业组织、平台企业、农村居民等多主体全过程参与，共同承担治理权利，履行治理义务。乡村数字治理应坚持党委领导、政府负责的基本原则，不断增强数字政府内部的协同性、数字政府与社会的协同性。

（四）乡村数字治理的本质内涵

乡村数字治理的本质内涵是实现数字治理与基层治理有序衔接，与乡村社会基础契合匹配，使数字技术有效嵌入乡村社会，激活和赋能内生治理资源。

从技术维度看，乡村数字治理是运用数字技术，对传统乡村社会进行数字化治理，实现乡村由传统到现代转型。中国传统乡村经历了由"政社合一"模式、"乡政村治"模式到"多元共治"模式的转变。数字技术嵌入现代乡村治理后，赋能多元共治治理主体，推动乡村公共事务精准化治理，重构乡村治理的体制机制，实现传统农业向现代农业转型，从而实现乡村治理现代化。

从空间维度看，乡村数字治理打破了物理空间的限制，能够实现乡村"元宇宙"。乡村"元宇宙"的构建方式可分为三个阶段：数字孪生、虚拟原生、虚实融合。例如，我们可以利用脑机接口设备，只要戴上 VR 眼镜，就可以用虚拟人的身份抵达农庄或田间，身临其境地看到作物的成长，需要浇水了，只要按一个按钮，浇水装置就会开始自动喷水；需要除草了，一个按键就会让智能除草设备开始运转。

从经济维度看，乡村数字治理是实现数字经济高质量发展的必由之路。乡村数字治理解决了新时代乡村经济发展的"最后一公里"的问题，能够打造共建、共治、共享的乡村经济发展模式。

从政治维度看，乡村数字治理是提升基层政府组织力、领导力、服务力的重要手段，是以人民为中心的发展思想在现代乡村治理中的生动表达。

从文化维度看，乡村数字治理是满足农村居民精神需求的重要方式，是解决乡村文化发展不平衡不充分的重要出路，是实现城乡文化融合发展的重要手段。

从社会维度看，乡村数字治理是实现乡村治理现代化的重要渠道，是进行数字中国建设的重要内容，是实现中华民族伟大复兴的基础性工程。从生态维度看，乡村数字治理是新时代美丽乡村建设的必由之路，是打造生态宜居的乡村环境的重要治理方式，是推动智慧农业、生态农业、节水农业高质量发展的重要渠道。

从教育维度看，乡村数字治理呼唤数字人才培养。乡村数字治理的本质是人的治理。要实现乡村数字治理，就必须培养一大批掌握数字技术且具备公共管理能力的现代化人才。

第二节　乡村治理数字化转型的逻辑与取向

乡村数字化治理的核心是在重视超前性、协调性、分享性、精密性的前提下，通过数字技术助力乡村产业行为增质强效，逐渐化解城乡数字鸿沟。而且，围绕传统乡村熟人化社会关系的特殊性，开展乡村数字化治理不仅能够改善乡村原本的体制模式，也有助于乡村社会关系结构的重组，推进乡村治理迈向转型优化的新台阶。目前正处在数字经济引领全球竞争的新局面和整合全球资源的关键期，应积极寻找乡村治理和数字技术有机结合的重要枢纽，增强乡村数字化治理能力，为乡村治理提供内生动力。

随着乡村数字化治理试点项目的持续推进，数字技术正在不断汇入到乡村治理机制中，为其提供技术辅助。这一情景下，原本的乡村治理体系正在发生蜕变，乡村非农化转型明显。利用数字化手段，有利于提升治理效率、做出科学决断、增强村民参与热情，促进各个治理主体之间的互动分享，共同营造共建共治的健康乡村数字化治理格局。在这一过程中，数据作为重要元素，成为在表达、运营、管理层面进行乡村治理数字优化的推手。目前，我国的乡村数字化治理还存在一些发展限制因素，对此，我们必须深入剖析数字发展规律，通过数字内容的不断量化和数据信息的筛选，提升乡村治理效率。数字技术和乡村高质量发展的结合，对推进数字中国战略具有重要意义。

一、乡村数字化治理转型的创新逻辑

乡村数字化治理的覆盖范围是围绕整个乡村场域内的生产生活，进行数字化改革规划，贯彻智能化发现问题、分析问题、解决问题。依照"怎样实现乡村更好治理"为基本构思，数字化赋能乡村治理要呈现出敏捷、统一、多元化协作、各层级相互协调的逻辑。

（一）推进乡村物质网络空间敏锐化

乡村治理时效性的保障来自基层部门所属权力空间的弹性调节机制是否完善，也就是说，乡村数字化治理要积极落实对乡村物质网络空间的敏锐化治理。敏锐化治理主要是凭借数字技术的引领，在乡村治理各个主体的通力配合下，构建具有接纳性、契合性和应对性的长期治理体系，进而满足乡村数字化治理的需求。它率先要做的就是促进由上到下基层政府治理职能的履行，为治理创新改革提供政治支持。此外，敏锐治理动能还需要不断吸收乡村主体的反馈信息。

一方面，科学化的政府治理机制需要制定多个领域信息数据的收集、传送、分享等标准化流程，突破项目管理区分化、公共服务具体化过程中的各种数据阻碍，重塑具有敏锐性的乡村物质网络空间。

另一方面，及时获取居民的治理反馈信息也需要依托于物质网络空间的完善，利用便于操控和掌握的程序进行治理项目的呈报和需求反馈。综合来讲，敏锐治理通过虚拟数据空间推演出相关设计及评估、监管、支配功能，有助于真实反映基层政府的治理意愿。在敏锐治理的基础上，乡村物质网络空间内的实施项目被不断精简和归类，从而体现全新的乡村治理业态。乡村数字化治理更加注重多维度承办公共事务和多样化部署治理项目，基层政府要根据共性需求，开发和应用各类虚拟数据空间系统，谋求提升乡村治理绩效的新途径。因此，通过丰富的治理场景推动乡村物质网络空间的敏锐治理，可以有效地修复传统乡村治理反馈延迟的漏洞，提高乡村数字化治理的针对性。

（二）推动乡村数字治理流程规范化

在乡村数字化治理推进中，政府部门尝试将行政权力下达至基层，使得治理机制能够全方位地注入乡村治理整个格局中。随着农业农村的持续发展与数字技术的高度结合，传统意义内以村落为单位的基本治理模块体系开始逐渐瓦解。一方面，政府不断向乡村基层部门贯彻现代化公共治理章程的过程中，初期易出现乡村服务标准匹配混乱的问题，动摇了村级基层部门治理的能动性。另一方面，随着乡村数字化治理程序的规范化梳理，数字化治理的局面增强了从上到下的信息贯通性，拓宽了数字信息的获取渠道，降低了终端数字信息获取难度。引导基层治理部门进行标准性、规范性、灵活性的数字治理流程优化和策略重组，是乡村基层部门实施治理创新改革的基本内容。乡村数字化治理运用"智治"的理念，将原本固化的治理模式向变通方向转移，通过治理权力的持续下放，构建基层政府组织权责划分的新格局。数字技术推动设计出更加灵活的村级治理程序，切实发挥出乡村数字化治理服务的功能，修复传统乡村治理对居民自治欠缺的弥补。在各类数字系统互相作用之下，乡村居民丰富的治理需求得到了及时的表露和处理，多重服务元素围绕教育、医疗、文化等开启主动追踪服务机制，构建起面向乡村治理主体的标准化服务网络平台。居民能够在这一平台上对相关需求进行详细说明，相关部门可以优先在线上进行及时处理和跟进。综合来讲，乡村数字化治理通过明确划分各类服务项目，实现社会服务的网络化升级。在这一过程中，信息空间内的多个物理环节和数字化节点组成一个结合体，各个关联要素共同配合，将原本烦琐的项目流程变得简洁化。因此，乡村数字化治理赋能的重点在于完成环节削减，实现数字化协同治理体系复建。

（三）推动乡村数字治理主体协同化

乡村基层组织在开发从上到下的治理项目时，会在责任明确的前提下保障相关义务的有效落实。通过现阶段的治理实践上看，乡村基层部门治理项目杂乱无章，无法全面整合治理资源。尤其是传统乡村治理模式存在治理项目实施不彻底的隐患，也就是当政府治理要求和乡村实际落实出现适配不合理问题时，乡村基层政府或许会因为资金不足和治理项目公共性功能缺失等制约，使其主要领导地位被动摇，影响整个治理主体的联合实践能力，最终造成治理项目变质，这使乡村基层部门在自治和行政中间的践行范畴被持续挤压，治理责权体系失衡。乡村数字化治理的出现为解决这类问题带来了新的曙光。数字技术赋力乡村治理，利用巩固整体治理布局、健全基础设施、寻求新业态，不断引入社会资本的加入，完善乡村治理协同主体的联合共享体系。而乡村数字化治理通过居民服务平台为民众提供公共性服务的同时，也增强了乡村基层部门的社会策动影响力，激发了群众的参与热情，使乡村治理完成了职责拆解，切实形成了多元主体在治理结构上的权责利统一。因此，乡村基层部门为避免可能出现的选择性治理危机，需要构建多元化的治理主体，完善新形势下的协调治理机制。

乡村数字协同治理架构重点是要创新"政府主导、社会配合、村民加入"的治理路径。尤其是在乡村振兴和农村高质量发展的时代背景下，更要不断发挥多元治理主体在乡村数字化治理体系中的融合能效。首先，社会组织为乡村治理数字化创新提供技术支撑；其次，政府部门通过委托市场力量完成乡村数字治理项目的设计构思；最后，乡村居民通过数字项目的实施，履行自身参与公共事务的发表意见、投票表决和社会监督权利。综合来讲，乡村多元治理主体通过数字化为载体，转变原有的参与属性和沟通机制。一方面，市场主体能够深入挖掘数字化输出优势；另一方面，乡村居民利用数字平台阐明需求，突破了传统治理运营体系下的资源限制，积极构建乡村数字化治理的多元联合优化策略。

二、乡村治理数字化转型的实践取向

现阶段，我国乡村数字化治理机制日益成熟，乡村治理主体的集中效能凭借数字技术得到了全面释放。乡村数字化治理主体联合、场域优化、流程精简等内容的创新是未来发展的核心取向。基于此，乡村数字化治理要不断反思出现的问题并剖析成因，实现资源要素的科学配置，摆脱治理滞后的困境。

（一）化解城乡数字鸿沟，拓宽各项要素资源流通路径

根据城乡"由中心延伸到周围"的治理论述，乡村数字化治理和城市治理之间相得益彰，城市数字治理效率的提升能够激发对乡村数字治理的引导辐射，从而形成区域性信息治理网格，共建共治，化解城乡数字网络鸿沟，有利于实现乡村数字化治理的长久发展。对此，我们要以创新发展理念为支撑，以乡村数字化治理和农业产业化、现代工业化、基层信息化协同发展为对象，加快构筑工农共兴、城乡融合的新型治理体系。乡村数字化治理立足于新型城镇化建设，持续拓宽资源、人才、资金等要素流通路径，促进治理各项要素的科学配置。

一方面，充分打通区域内数据信息高效流通渠道。聚焦各项乡村治理数据内容，创设数字化科研基地与核心数据库，集中处理亟待应对的使用场景。同时，对于数据流通过程中的需要注意的信息剖析和配比，基层管理部门可以通过网格化运营，改革数据布局，精准匹配供需信息。

另一方面，有针对性地提供公共服务性数字资源。对比城市，乡村始终处于治理短板范畴，为了精准聚焦乡村数字化治理，可以通过绘制以村为单位的治理列表，对其逐一击破。首先，拟定村级公共服务资源明细。各个村级行政单元结合自身的优势，立足于"社会效能最大化、公共服务优质化、服务模式公开化"的理念，联合数字政府改革，制订"智治"服务清单，将生产生活、社会运转的各项内容进行具体划分，完善线上服务。其次，列举村级公共法治服务明细。村级行政组织可以创设公共法律线上援助平台，汇总服务事项，有效整合相关法律服务资源，积极应对乡村民生项目、产业规划等公共事务的司法辅助和法律核查工作，为乡村居民提供个性化服务，保障乡村数字化治理有序推进。

（二）提高数字化规范水平，健全利益职权结合模式

乡村治理数字化需要将数字技术和社会治理规范相统一，体现各个权能主体的体制化匹配和联合样式。规范匹配水平侧重对相关治理主体的利益职权进行平衡，在治理准许范畴内达成联盟共识，这是乡村数字化治理的核心内容。要通过多个主体协同参与，提高乡村治理系统的数字化规范匹配水平。一方面，利用数字化治理平台鼓励多方主体参与自治；另一方面，国家和社会要构筑互相信任、合力共赢的沟通机制。其中，国家方面，可以凭借科学布局各项乡村治理数字化规划，引导政策指向，避免数字治理制度偏差。社会方面，严格依照具体规范和准则进行实践，共享数字治理成果。此外，乡村数字化治理还要抵御政策执行无效的危机，完善利益权能联合模式，切实巩固乡村治理的理论基础。

（三）数字技术赋能增益，精准传达民众意愿

通过目前的实践结果来看，乡村数字化治理面临的最大困境就是数字权利的不均衡，要做到让每一个乡村治理主体都能享受数字技术的红利。乡村治理要通过数字技术赋能，来实现精准传达民意的治理效果，围绕乡村主体需求，关注普通村民的"心声"。

首先，疏通好政情民意与数据信息输送的双向道路。乡村数字化治理要将乡村基层部门的行为和政策落实成效放置于民意发表和讨论的情境中，使得乡村居民的诉求能够妥善升级为公共议题。在我国乡村治理目标上，村民自治、民主协商是我们一贯坚持的。乡村数字化治理要善于借助相应的数字治理平台，从下到上系统化地实现民意直达，避免人为干涉下对治理需求的歪曲，提高民意传递的透明度。

其次，要强化公共治理议题在网络空间内的深刻探讨和普遍传播。乡村数字化治理可以利用数据开发和处理的相关功能，使政府执行和民意表达之间形成良性循环，在坚持"以人为中心"的原则下，保障村级基层部门的服务输出能够契合居民实际需求，并将此作为数字化治理的基本设计方向。同时，要发挥好基层党组织在乡村数字化治理中的引导作用，完善乡村居民的知悉权、监管权、参与

权、决断权，维护其合理诉求和权益共识，激发乡村居民参与治理的内源动力与主体观念。

（四）完善数字化基础设施，为乡村治理数字化奠基

2021年9月，我国进一步出台了关于数字乡村建设的指导方针，明确表述了要在乡村整体建设架构内完善乡村数字基础设施建设，为乡村数字化治理提供实践保障，进而为我们解决三农问题和推进农业现代化夯实基础。对此，我们可以通过经验借鉴，在数字惠农、产业融合、技术革新、科学治理等内容上，增强数字化治理。

其一，积极优化数字惠农工程。基层政府要立足于乡村全范围，拓宽通信基站的网络覆盖面积。同时，主动研究现代化物联网、云经济、智能AI等技术在农业种植、乡村养殖、物流存储、交通水电等方面的应用，通过高新技术引领乡村数字治理。

其二，完善产业融合模式。政府可以通过设立企业、民众、融资机构、保险组织、科研场所的综合性产业振兴平台，促进乡村地区农业产业与先进数字技术的融合，构建"区块链产供销"一体化发展模式，与时俱进地培育新型融合性发展业态。

其三，提升科技创新水平。基层政府要在发挥宏观调控作用的基础上，提升科技创新输出。相关企业要围绕居民诉求，致力研发契合性更高的应用终端，使数字技术和"三农"能够紧密结合，不断升级多种产业推广场景。在这一过程中，从市场角度上要坚持维护乡村整体效益，防止资源不合理配置导致的浪费问题。

其四，深耕智慧治理工程。基层政府要积极与村级自治组织合作，探寻"线上村务""线上政务""线上产业指导"等数字治理方法，实现互联网模式下的涉农治理线上服务，通过终端设备收集各类数据信息，增强乡村数字化治理能效。

数字技术是乡村治理现代化的重要手段，其目标是通过数字乡村基础设施建设、整合数字信息资源、鼓励多元主体共同参与，推进乡村治理的现代化和智能

化。乡村数字化治理是农业农村工作的一个全新视角，是三农数字革命的主要内容。虽然目前数字技术赋能的乡村数字治理正在逐步优化，但是农业农村发展落后的问题依然存在。城乡差距仍旧明显，土地、技术、人员、资金等要素不断外流，公共服务水平和基础设施建设有待提高和健全。因此，我们要深入梳理乡村治理数字化转型的创新逻辑与取向，重视乡村治理主体的力量发挥，重塑具有内生性的科学治理格局。

第三节 乡村数字治理的实践路径创新探索

新时代乡村数字治理刚刚起步，需要在乡村数字建设的具体场景中不断探索乡村数字治理的理论基础和实践范式。新时代乡村数字治理可从经济、政治、文化、社会、教育五个维度建构其实践路径。

一、经济维度：打造乡村数字经济新优势

推动数字经济发展是乡村数字治理的重要内容。数字技术赋能乡村经济已经成为乡村经济社会发展的新引擎、新方法、新手段，在乡村数字治理中应充分发挥数字经济的新优势。

第一，打造乡村数字平台经济，解决农村产业销售信息严重不对称的问题。通过网络，打造电商与农村居民的网络互联交易平台。乡村数字平台经济以大数据为核心技术，克服了传统经济中的信息不畅通，全面提高了乡村的资源配置效率。

第二，发展乡村数字"共享经济"，解决农村资源匮乏的问题。农村的商业服务、金融服务、交通出行、旅游休闲等呼唤着共享经济模式，构建农村商业数字化服务体系、农村数字金融服务体系、农村交通出行共享体系、农村数字化公共服务体系等已经成为当务之急。例如，"认养农业"模式就是共享经济在农业领域的大胆尝试，为农产品生产者与消费者之间架起了一座桥梁，为农业生产模式带来了新的思路，打通了乡村生产与城市消费的"最后一公里"。

乡村振兴背景下的乡村治理工作研究

第三，打造乡村智慧物流平台，解决农村购物不便的问题。智慧物流平台应推进乡村配送服务，实现智慧物流平台的城乡一体化，推动中国智慧物流的地区全覆盖、城乡全覆盖。

第四，不断完善农村数字经济发展的政策体系，建立健全数字经济产权制度、数字经济监管制度、数字经济考核制度等，不断建立健全数据要素市场规则，为数字经济提供制度保障。发展乡村数字经济，打造数字乡村经济新优势，要与时俱进，在乡村数字治理实践中不断总结经验，发现问题，建立健全数字经济法律法规，为数字经济的发展提供良好的制度环境。例如，针对农村数字金融问题，必须建立农村数字金融的法律规范体系，实现农村数字金融法治化，用法律制度规制农村数字金融，引领农村数字金融健康、有序地发展。

二、政治维度：提高基层政府数字化建设水平

数字政府是基层政府的发展方向。促进基层政府数字化转型是乡村数字治理的基础性建设工程，是实现乡村治理现代化的政治要求。

第一，利用数字技术打造数字民主。数字政府可以利用数字技术实现基层民主数字化。基层民主数字化就是利用5G网络、大数据、云计算、人工智能、物联网、区块链等为代表的新一代信息技术助力基层民主的网络实现方式。基层民主数字化的理论前提是农村居民的数字化表达设备、平台和通道的获得和应用。当乡村没有网络覆盖和智能化设备，并且农村居民不具备数字素养的时候，乡村就会变成"数字沙漠"，基层民主数字化离不开数字技术的硬件设施和农村居民的数字素养。

第二，创新基层政府管理理念。构建以数字技术平台为支撑的基层民主政府，实现基层民主网络化、基层服务网络化。

第三，应充分利用数字技术整合网络政治民意。应用数字技术加强网络政治信息的收集、整理与分析，筛选出有代表性与有价值的重大政治议题、政治表达和政治建议，为基层政府进行科学决策提供理论依据。

第四，打造基层政府数字服务平台。利用互联网重构基层政府权威并不断提升基层政府的公信力。重构政府权威包括权威信息的来源、发布、传输渠道、权

威话语及意见等。应充分发挥基层政府数字服务平台的作用,在第一时间发布和传播基层政府的权威信息,平息网络谣言,从而达到提升基层政府公信力的目的。

第五,基层政府应加强基于电子政府的数字政府建设,实现数字政府和广大网民的互动交流,彰显网络政治民主。数字政府必须及时回应农村居民的网络政治参与,给予网络民意反馈。数字政府要利用网络让广大网民有更多的知情权、表达权和监督权。

三、文化维度：实现网络文化数字化治理

网络文化治理是乡村数字治理的文化基础。数字技术可以把传统乡村文化以数字的形式保存下来,通过网络进行传承。

第一,建立乡村公共文化数字服务平台,着力构建乡村公共文化服务圈,让农村居民就近享受优质公共文化服务。同时,把科学精神、人文精神融入数字乡村文化治理中,积极探索乡村数字治理的文化心态,坚持实事求是的科学精神,大胆创新。同时,要以真善美为基础,在乡村数字文化治理中充分尊重网民的主体性,充分体现网络文化对农村居民的精神改造。

第二,把社会主义核心价值观嵌入乡村数字治理中,坚持正确的舆论导向,用积极向上的网络文化产品占领乡村数字治理的文化空间,引领农村居民形成健康向上的网络文化生态。

第三,把民族文化、乡土文化嵌入乡村数字治理中,体现乡村数字治理的地域特殊性,彰显不同民族文化、乡村文化背景下乡村数字治理的文化属性。

第四,利用数字技术打造"文化云"网络数字平台,提供书画、舞蹈、戏曲、摄影等免费网络课程,开展农村居民喜闻乐见的网络文化服务。

四、社会维度：加快乡村社会数字化建设水平

乡村数字治理需要基层党组织、基层政府、村委会、农村居民、行业组织、专家组织等多元主体的充分参与,构建"一核多元"的乡村数字社会治理共同体。

第一,始终坚持党对乡村数字治理的绝对领导,不断提升基层党组织领导干

部的数字素养。要进一步强化党建引领，推动电商扶贫，充分发挥党建优势，将基层党组织服务电商发展列入基层党建工作的考核目标，有条件的乡村可以建立村级电商扶贫驿站，通过数字技术培训、联系帮扶、打造品牌产品等方式，建立电商与农村居民相互联系的网络服务平台。同时，在乡村数字治理中要继续发挥"第一书记"的引领作用。

第二，发挥基层政府在乡村社会治理中的主导作用。基层政府要充分利用数字技术推进乡村教育、乡村医疗、乡村社保、乡村就业、乡村金融数字化，增强基层政府数字化社会服务能力。

第三，充分发挥村委会在乡村数字治理中的带头作用。村委会是村民自治组织，在乡村数字治理中发挥重要作用。村委会应经常组织村民学习数字技术，开展数字技术培训，不断提升农村居民的数字素养。要充分利用数字技术，不断推动乡村数字经济、数字政治、数字文化、数字生态建设。

第四，充分发挥农村居民在乡村数字治理中的主体性作用。坚持把农村居民的根本利益作为数字乡村社会治理的出发点和落脚点，发挥农村居民的主体作用和自治效能，建立以农村居民为主体力量的乡村数字治理共同体。

五、生态维度：营造良好乡村数字生态

乡村数字生态是发展乡村数字经济、加快乡村数字建设、提高基层政府数字化水平的理论前提和实践基础。"十四五"规划纲要提出要营造良好的数字生态，指出数字生态建设的核心目标是"坚持放管并重，促进发展与规范管理相统一，构建数字规则体系，营造开放、健康、安全的数字生态"。

第一，确立乡村数字生态建设的基本目标。开放、健康、安全是良好乡村社会数字生态的三大基本要求。乡村数字生态建设的基本目标就是要营造开放、健康、安全的数字生态环境。要做到"开放"，就要建立乡村公共服务数字化平台，推动乡村数字化服务得到共建共享和普惠应用。要做到"健康"，就要加强乡村数字化建设的规范管理，尤其要坚持对乡村数字化建设的创新主体的规范管理，引领平台企业有序地参与乡村数字治理。要做到"安全"，就要加强网络安全风险评估，制定数字安全规则体系，保证乡村的关键数字基础设施及关键数字技术

安全可控。

第二，运用大数据、人工智能、云计算、区块链等技术，不断完善乡村社会数字规则体系。数字市场要素规则、国家公共数据公开的数字规则、企业数据公开的数字规则、个人信息保护规则等还有待在数字乡村建设的具体实践中进一步完善。要坚持经济发展与信息安全并重的基本原则，加强对数据安全的有效监管。

第三，建立数字生态监测平台。建立数字乡村监测平台，助力美丽乡村建设。例如，贵州数字乡村建设监测平台设立村镇生活垃圾收运板块、乡村生活污水处理板块，以及传统村落建设管理和传统村落数字博物馆板块，是利用互联网技术实施村镇环境综合治理的新举措。

第四，构建"元宇宙"乡村数字生态治理体系。加快构建基层政府引导、农村市场主导的协作模式，营造开放包容、广泛连接的乡村数字生态环境，打造数据、技术、应用与安全协同发展的农村产业生态体系，加快传统乡镇企业向"元宇宙"企业转型，推进"元宇宙"乡村数字企业高质量发展。

综合而言，乡村数字治理是新时代乡村治理的发展方向。始终坚持党对农村工作的集中统一领导，是实现巩固拓展脱贫攻坚成果同乡村振兴有效衔接的重要前提和根本保障。同时，还要注重发挥基层政府、社会团体、行业组织、农村居民等治理主体的作用，构建多主体参与的乡村数字社会治理共同体。乡村数字治理研究刚刚起步，对于乡村数字治理的分析框架、解释框架和实践范式等，还有待进一步进行理论阐释。

第四节 多元主体协同参与乡村数字治理

一、乡村数字治理主体的划分及角色定位

结合目前大多数乡村实际情况，新时代乡村数字治理多元主体具体应该包括基层党组织、乡镇政府、村委会、村民、市场主体及社会组织。这六大主体之间存在着强弱互济、优势互补的关系，通过协调与配合，共同推动乡村数字治理

进程。

（一）基层党组织：领导核心

基层党组织作为乡村数字治理的领导核心，在乡村数字治理过程中发挥着关键的引领作用。

一是制定战略规划。基层党组织负责制定乡村数字治理的战略规划，明确发展目标和重点任务，确保乡村数字治理工作符合国家战略和地方实际需求。

二是整合力量。基层党组织发挥自身领导优势，整合政府部门、企事业单位和农村社会组织等各方力量，推动乡村数字基础设施建设、信息化服务提升和数字化技能培训等工作的顺利进行。

三是发挥党员示范引领作用。党支部可以组织党员开展调研和座谈会，深入了解村民对数字乡村建设的期望和需求。通过与村民的面对面交流，听取他们的意见和建议，了解他们对数字技术的接受程度、需求程度以及可能存在的问题和困难，从而引导多元主体共同参与数字乡村建设。

（二）乡镇政府：主导者

乡镇政府在乡村数字治理过程中处于主导地位，发挥着关键的统筹协调作用，具体体现在以下几个方面。

一是统筹协调资源。乡镇政府在乡村数字治理过程中，需要整合和协调各类资源，包括财政资金、人力资源、基础设施建设等，确保乡村数字治理工作的顺利推进。

二是加强部门协同。乡镇政府通过运用数字技术整合内部资源，打破部门间行政壁垒，建立跨部门的主体和业务协同体系，提高业务处理效率。

三是创新发展模式。乡镇政府应当关注乡村数字化发展的创新模式，在工作中敢于接受新事物，鼓励和支持各类数字产业发展，推动农业农村现代化。

（三）村委会：组织者

村委会作为政府与村民之间的桥梁，在乡村数字治理过程中发挥组织与实施作用。具体表现在以下几个方面。

一是贯彻落实政策。村委会负责将乡镇政府和基层党组织关于乡村数字治理的政策与规划落实到村级层面，确保各项措施在村内得到有效执行。

二是参与项目实施。村委会积极参与乡村数字治理项目的实施，如数字基础设施建设、农业信息化服务等，确保项目能够切实满足村民需求。

三是宣传普及数字治理知识。村委会负责对村民进行数字治理相关的宣传教育，普及互联网知识和技能，动员村民参与数字治理项目，增强村民数字治理的参与意识。

（四）村民：主体建设者

作为乡村数字治理过程中的重要主体，村民具有双重角色，其既是乡村数字治理的主要受益者，又是乡村数字治理的主体建设者。村民通过数字技术的运用，参与各种数字化服务和活动，参与到村庄的规划、管理和决策中来，成为推动乡村数字治理发展的重要力量。具体体现在以下几个方面。

一是发挥自觉能动性，积极配合建设的实施。首先，村民对乡村生活的需求和问题了如指掌，他们的反馈对于乡村数字治理政策的制定和调整具有重要参考价值，有助于政策更加贴近实际需求。其次，村民可积极参与乡村数字治理项目的实行和监督过程，及时反馈工程中出现的问题，并与其他主体互相交流、协作，创造良好的乡村数字治理合作环境。

二是增强自身能力，发挥主体作用。村民在数字治理过程中，通过积极参与线上线下活动、使用数字化平台和服务，能够提升自身数字素养，为乡村数字治理奠定自治氛围和浓厚的数字环境。

（五）市场主体：推动者

乡村数字治理需要一定的资金支持和技术支持，市场主体在其中发挥了重要推动作用。

一是提供技术支持和协助数字基础设施建设。例如，企业为乡村提供网络设备、服务器、传感器等技术设备，协助乡村建设宽带网络和无线覆盖，为数字化治理提供技术保障。

二是收集和分析数据。例如，企业可以通过传感器、监测设备和物联网技术，获取农田、水源、气象等数据，并利用大数据分析和人工智能技术进行处理，提供农作物种植、灾害预警、资源管理等方面的决策支持。

三是提供数字治理平台。例如，企业可以面向中国乡村及社区推出智慧乡村信息服务平台，利用"互联网+"模式为乡村数字治理插上理想的翅膀。

(六) 社会组织：辅助者

农村社会组织主要指由村民组织起来的、执行一定社会功能、追求特定社会目标的社会群体，具有自愿性、互助性和非经济性特征，主要包括社会服务类、文化类、经济互助类和政治管理类等，是乡村数字治理中的重要参与力量，在乡村数字治理中起到重要辅助作用。社会组织可以帮助政府部门和村两委更好地了解村民需求，提供专业建议，协助推动项目实施。例如，社会组织可以协助村委会开展互联网技术普及和培训活动，提高村民的数字素养。或者开展社会服务与民生关怀，利用数字化手段，为村民提供各类便捷、高效的社会服务。

二、多元主体协同参与乡村数字治理的现实困境

从当前乡村数字治理的实践现状看，基层党组织、乡镇政府、村委会、村民、市场主体、社会组织基本能参与其中，多主体间形成了良性互动，呈现了一些特色亮点。如张家港市永联村充分调动市场主体、社会组织、村民等主体在乡村数字治理中的主动性和积极性，协同推动乡村数字治理，取得了良好成效。然而，从全国范围来看，多元主体协同参与乡村数字治理仍然存在主体参与不足、治理合力难以形成、治理制度尚不完善、治理技术供给不足等困境，减弱了共治合力。

(一) 多元主体数字参与不足

1. 基层干部数字素养不高

干部队伍是乡村数字治理的主要发起者和执行者，干部队伍的数字素养将会

直接影响乡村数字治理的质量和效果。当前，基层干部普遍存在数字素养不高的问题。

一是基层干部传统治理理念转变慢。随着数字治理引进农村，对基层干部的要求也不断提高。但目前大多基层干部的治理理念仍停留在传统治理观念中，导致数字治理意识较为落后。

二是基层干部数字治理能力较弱。由于缺乏专业的数字培训和教育，基层干部利用数字技术处理业务工作的能力不高，对数字技术的认知还停留在电子商务活动等粗浅层面，没有追踪数字技术的最新发展动态，利用数字技术进行业务操作的能力有待提高。

2. 村民主体数字参与弱化

村民是参与乡村数字治理的主体力量，但当前乡村数字治理模式仍大部分以政府为主导，村民参与乡村数字治理的主体性较弱。

一是受村民自身数字能力贫困的制约。村民参与乡村数字治理的积极性源于对其内涵有较为全面的认知和理解，但由于缺乏必要的数字技能和知识，村民难免被排斥在数字生活之外。

二是由于数字平台建设不完备。当前各类乡村信息平台的主要功能仍然停留在信息发布和通知通告等基础环节，没有为村民真正提供数字参与渠道，使乡村数字治理流于表面化，村民无法实质参与到乡村数字治理中。

3. 社会组织数字参与深度有限

当前，社会组织在许多乡村出现并日渐增多，但是，从实际效果来看，社会组织参与乡村数字治理的深度还相对有限。

一是农村社会组织总体规模仍然较小，组织相对松散，缺乏明确的组织架构和管理制度。

二是农村社会组织的社会认可度有待提高。部分村民和政府部门对农村社会组织的能力和作用持保留态度，这对社会组织在乡村数字治理中发挥影响形成了一定的制约。

三是农村社会组织参与乡村数字治理的专业能力和经验不足。农村社会组织数字化服务能力和水平普遍不高，动员村民参与数字治理的力量较弱。

(二) 数字治理合力难以形成

1. 多元主体间利益诉求不一致

随着治理环境多样化、治理主体多元化、治理关系多维化，各主体间的利益协调关系也变得更为复杂，不同的主体有不同的利益诉求。村民注重享受数字治理带来的便捷化服务，希望数字技术能为他们提供更好的教育、医疗、交通等基础设施和公共服务，以及解决他们日常生活中的问题。市场主体则关注数字治理对其业务运营和发展的影响，希望通过数字化手段提高效率、降低成本、扩大市场。政府部门利益诉求往往与社会公益、可持续发展和治理效能相关。多元主体利益诉求的不一致易造成冲突，阻碍集体合作的成效。

2. 多元主体间信任缺失

伴随着我国乡村社会结构的转变，以往基于血缘、亲缘和地缘关系形成的紧密社会网络和信任机制遭到冲击和破坏。数字技术的嵌入让本就日益开放与流动的乡村社会又增添新的不确定性，加剧了多元主体间的不信任。一方面，数字技术的嵌入改变了乡村社会的经济和社会结构。新的数字经济模式和商业模式的涌现，使得传统的乡村经济活动面临着新的竞争和变革。另一方面，数字技术的普及也对乡村社会的社会关系和传统文化产生了影响，使人们面临着新的社会关系和价值观的重构，增强了社会结构的不确定性。

(三) 数字治理制度尚不完善

1. 多元主体间权责边界不清

虽然国家已颁布了系列政策文件，规定了不同主体在乡村治理中所处的地位和所应发挥的作用，但由于政策细化不够，导致主体间边界模糊，易出现多元主体掣肘、推诿的现象。

一是村委会与乡镇政府权力边界模糊。数字治理强化了政府对乡村社会的动态管理，这在一定程度上会使村委会的自治功能受到削弱。

二是村委会和村党支部权责关系交叉。由于对两种权力的职责权限和互动方式规定不明确，在合作治理中经常出现两者职权叠加或相分离的现象，增加了治理成本，降低了协同治理的效率。

2. 数字治理成果评估制度不健全

治理的好坏，归根结底要看治理的效果，而对治理结果进行评估检验是检验治理效果的重要途径。乡村数字治理的参与方包括政府、市场主体、村民等多元主体，乡村数字治理成果的考核也应该由多元主体构成，普通村民对治理结果的评价和满意度尤其重要。然而，当前考核形式主要以政府政绩考核为主，考核内容也主要关注平台访问量、点击率等量化指标，对发展质量和民众感受的关注不够。因此，无论从考核主体、考核形式还是考核内容来看，多元主体参与数字治理评估制度的建设任重道远。

（四）数字治理技术供给不足

1. 乡村数字基础设施薄弱

多元主体协同参与乡村数字治理对乡村的数字条件提出了一定要求。其顺利实施有赖于互联网基础设施在乡村地区的全面覆盖，同时要求每个家庭乃至每个用户都拥有电子设备并能通过智能终端参与其中。然而，当前无论是乡村整体还是村民个人，都尚未满足这一条件。乡村数字治理建设起步较晚，数字建设的基础条件比较薄弱，造成数字基础设施在乡村地区铺设难度较大、运营成本较高，这对多元主体参与乡村数字治理产生了一定的阻碍。

2. 多元主体间存在数据梗阻

多元主体协同参与乡村数字治理有赖于数据的广泛流通和共享。但当前多元主体间存在"信息孤岛"现象，易引发协同失衡。其原因有以下两点。一是数据交换与共享不畅。目前各地区的乡村数字治理还处于自行摸索阶段，各类数字化项目虽然数量居多，但大都各自为营，缺乏统一的数据监管平台，导致横纵向数据之间呈现相互孤立、分离的状态，多元主体间信息开放和共享程度较低。二是政府部门间存在"数据壁垒"。由于乡村数字治理处在建设初期阶段，缺乏顶层设计和整体规划，导致同一地区不同部门之间的政务信息系统相对独立、联通困难，使得基层报表总量多、频次高，给基层工作者的工作增添了许多负担。

三、多元主体协同参与乡村数字治理的路径

数字治理具有普惠性和广泛性等优势，推进乡村数字治理旨在通过数字技术与数字平台，发挥政、村、民、企等多元主体的治理优势，建构多元主体协同参与的新模式。因此，应着力解决好现有实践中多元主体协同共治所面临的现实困境，从而最大限度地助推乡村数字治理建设工作顺利、高质量地开展。

（一）提高多元主体数字参与能力

1. 提高基层干部数字治理能力

基层干部是加强和创新乡村数字治理最基础的力量。推动乡村数字治理向纵深发展，必然要求干部队伍具备高水平的数字素养。

其一，强化基层干部数字治理意识。转变基层干部传统思维观念，将数字赋能、大数据思维等理念深度融入乡村治理中。

其二，重视乡村数字内生人才培育。通过搭建线上线下学习交流平台，定期组织数字技能培训和教育活动，特别针对年轻的乡村干部和网格员，提高他们在数字环境中的工作能力，打造一批专业知识扎实的数字化人才队伍。

其三，优化数字人才选拔和培养机制。实施人才引进政策，选拔具备高数字素养的干部担任关键岗位，同时开展定期的数字素养考核，将数字素养作为选拔、晋升和奖励的重要考核指标。

其四，营造良好的数字人才发展环境，为外部人才的嵌入创造有利条件。包括优化政策措施、提供税收优惠和金融支持等，以吸纳乡村精英返乡创业、投入村庄建设发展，推动乡村数字治理内源式发展。

2. 突出村民治理主体地位

村民是乡村数字治理的"主力军"。其主体性力量的发挥，是探索多元主体参与乡村治理的关键问题，关乎乡村数字治理的成败。为此，要加快培育数字村民，提升农民参与乡村数字治理的意愿、能力和权利，重塑村民主体性。

其一，数字下沉，为村民"技术赋能"。加强村民数字知识和数字技能的普及和培训，提高村民的数字素养。通过广播、电视、报纸等媒介，普及村民数字

知识，同时将数字技能培训纳入村民培训工作，培育一批具备互联网思维和信息化应用能力的数字村民。

其二，渠道下沉，为村民"技术赋权"。借鉴北京"晓村务"、浙江衢州"龙游通"、象山县"村民说事"等成功的互动平台案例，探索构建以党建引导为核心、以微信等移动互联网应用为支撑的村民互动交流平台，拓宽村民参与乡村数字治理的渠道和途径，实现村民与村干部的有效互动。

其三，动力下沉，从农村内在动力入手，以村民的情感作为切入点，以情感化的治理模式来激发农民的参与。村民大多偏感性思维，乡村数字治理要注重融入村民实际生活和实际利益中，提高村民对乡村数字治理的感知度。

其四，服务下沉，推进契合村民需求的数字治理。一方面，充分发掘乡村数字治理平台的信息采集功能，通过数据分析及时获取村民动态化的需求，做到重心下移、服务下沉。另一方面，及时发现并解决乡村数字治理过程中出现的信息技术要求与村民自身素质不匹配的问题，建立和乡村人口结构相契合的乡村数字治理平台。

其五，注重对老龄人的数字关怀，弥合老龄人"数字鸿沟"。如在数字产品研发中开发长辈模式、关怀模式功能，对老龄人继续保留线下服务渠道，改善人机界面设计，帮助老龄人避免由于信息处理能力减弱而导致的认知超载，提高老龄人在数字信息化发展中的获得感、幸福感和安全感。

3. 拓宽社会组织数字参与维度

社会组织是乡村数字治理的有益补充。加快社会组织融入数字治理，可从以下几个方面着手：

其一，加强社会组织内部建设。建立健全的组织架构和管理制度，提高组织的凝聚力和执行力。

其二，加大政府对社会组织的扶持力度。通过设立专项资金和制定优惠政策，激励社会组织积极参与乡村数字治理。

其三，提高社会组织在社会中的认可度，引导社会组织进入乡村数字治理领域。

其四，拓宽社会组织参与的领域和方式，推动社会组织融入数字治理。除了提供数字化公共服务，社会组织还可以通过开展调研、宣传推广、社区参与等方式参与乡村数字治理。例如，组织开展乡村数字化需求调研，收集村民的意见和建议；通过宣传推广活动，提高村民对数字乡村建设的认知和参与意愿；促进社区村民参与数字化平台的建设和管理，推动数字化治理的普及。

（二）凝聚多元主体数字治理合力

1. 协调多元主体间利益

利益是推动多元主体协同治理的根本动力。凝聚多元主体数字治理合力，必须综合考虑、协调不同主体的利益。

其一，完善利益表达和对话机制。数字技术的嵌入导致传统的面对面参与和沟通机制的弱化。要充分运用微信、微博等新兴媒体，建立有效的沟通渠道，让不同主体能够自由表达观点和利益诉求，鼓励各主体之间进行民主协商，寻求共识和解决方案。

其二，通过构建多元主体间价值共识，引导多元主体形成共同利益。乡村数字治理要以村庄利益最大化为合作共治的根本价值导向。在此基础上，明确多元主体的行动目标，让各主体认识到彼此的相互依赖性和互补性，使各方愿意在一定程度上做出妥协和让步，形成利益的"最大公约数"。

2. 加强多元主体间信任建设

信任直接影响着多元主体在乡村数字治理中的合作程度。探索有效的信任建设路径，在一定程度上可以提升乡村数字治理效能。

其一，以党建引领乡村数字治理。党的领导为多元主体协同推进乡村数字治理提供了重要组织保障，为信任建设提供了核心动力。要增强党组织的政治功能和组织功能，注重发挥基层党组织的引领作用，有效吸引多元主体力量参与乡村数字治理之中。

其二，加强政府在乡村数字治理中的公信力，推动政府向服务型数字政府转变，以实实在在的服务效能赢得村民的认可。

其三，培塑公民精神，强化人们对公民身份的心理认同。例如，通过开展富有传统文化内涵的主题实践活动，营造公共参与空间，提高公民的公共参与意识和参与能力。

(三) 完善相关数字治理制度建设

1. 厘清多元主体权责边界

明确治理主体间权责关系，是促成多元主体协同共治的前提条件。为此，要厘清多元主体间权责边界，为多元主体协同参与乡村数字治理创造良好的环境。

其一，明确职责分工。对村委会和乡镇政府、村委会和村党支部在乡村数字治理过程中的职能定位、任务、治理权限和治理方式以及合作空间与合作方式进行明确规定，确保各主体在乡村数字治理过程中各司其职，不缺位、越位、错位。

其二，理顺主体间关系。坚持基层党组织在乡村数字治理中的领导核心作用，引领共建方向；发挥乡镇政府在数字基础设施建设和政务服务平台搭建方面的主导作用；赋予村级组织数字治理自主权，防止行政权力过多干预乡村自治；激发市场主体参与乡村公共服务平台、智慧社区建设等的积极性和创造性；发挥社会组织等在乡村数字治理中的独特作用。增强村民的权利意识和参与意识，使其自觉参与到各类数字平台建设中，发挥主体作用。

2. 完善数字治理成果评估机制

多元主体协同参与下所形成的乡村数字治理成果既是多元主体集体行动的生动表现，也是多元主体对行政权力进行约束的有力工具。因此，应该通过搭建平台、倾听民意、完善程序等途径完善治理成果评估机制。

其一，动员多元力量参与评估过程。通过开展问卷调查、举办公众听证会等方式，收集民众意见，并及时归纳、汇总，使民众真正参与到乡村数字治理成果评估过程中。

其二，优化乡村数字治理考核内容体系。将政府服务效率、民众满意度、公众参与度等作为考核评价的核心要素，使民众真正掌握乡村数字治理的评判权。

其三，探索乡村数字治理新型考核方式。借助高校、评估机构等第三方专业力量和地区间交叉考核力量，提升考核评估的科学性与公信力。

（四）强化数字治理技术有效供给

1. 完善乡村数字基础设施

推动多元主体协同参与乡村数字治理，加强数字基础设施建设必不可少。

其一，强化乡村数字治理经费保障。一方面，加大政府相关专项资金对乡村数字基础设施建设的支持力度和加强资金的使用效率；另一方面，活化社会资本，激发社会资本投资乡村数字领域重大项目的活力，建立多元化的协同参与运营机制。

其二，推动农村交通、水利工程、农业生产加工、农村电力、农村资源等领域向数字化、智能化方向转型。

其三，推动农村宽带网络、数字电视网新基础设施的数字化建设和服务终端数字化改造。加快推进落后偏远地区乡村4G网络的全覆盖，逐步实现5G网络在乡村的普及，提高乡村数字化网络设施水平。

其四，建立乡村数字化服务的优惠机制。例如，在乡村设立免费或低价联网的公共服务场所，提供教育培训、养老医疗等方面信息。

2. 打通数据共享平台梗阻

多元主体协同参与乡村数字治理效能的提升需以治理技术优化为支撑。优化治理技术，需要从以下几个方面着手。

其一，统一治理信息流通标准。制定统一的信息流通标准，包括数据格式、接口规范、安全性要求等方面，确保不同系统和平台之间的互操作性。

其二，搭建统一开放的乡村数字治理平台，整合和连接不同层级和不同系统中的数字信息资源，解决"数据壁垒"和"信息孤岛"问题，真正实现多元主体平等参与，协同共治。

其三，推行数字"一张表"改革，将以往分散数据统一建库管理，汇聚公安、人社、民政、农业农村、司法等多部门系统数据，保障数据的互通共享，打通部门间数据梗阻。

第六章 乡村振兴背景下乡村治理的人才支撑研究

第一节 新型农业经营主体参与乡村治理

一、新型农业经营主体参与乡村治理：发生机制

（一）新型农业经营主体参与治理的逻辑研判

随着土地政策改革和顶层文件的设计与指导，以农业专业大户、家庭农场、农民专业合作社和农业企业为主的新型农业经营主体逐渐发展，成为未来农村社会最重要的生产、经营和服务组织之一。

新型农业经营主体的"新"在于与改革开放后实行的家庭经营制度和市场经济体制相适应，也与现代农业发展目标相吻合，且具有经营规模较大、经营方式集约、生产技术专业、市场意识浓厚和经营者素质较高等特点。新型农业经营主体的发展改变了乡村的外部环境和内部结构，推动乡村经济发展的同时重塑社会基础。一方面，新型农业经营主体吸收整合了大量零碎、闲置的土地，带动了农业规模化经营，逐步改变了原有分散的小农生产组织方式。科学的管理方式和专业农技知识提高了农业生产效率，整体上带动村庄经济发展，农民生计水平得以改善。另一方面，新型农业经营主体既有从乡村内部演化发展的专业大户、家庭农场等，也有工商资本下乡推动形成的专业合作社和农业企业，其组织多元化与经营市场化属性，打破了乡村原有的社会关系和生产模式。在与新型农业经营主体协同发展的过程中，乡村熟人社会逐渐解体，农民的权利意识、民主意识和法治意识提高，逐渐产生群体分化和文化冲突，乡村治理的社会基础发生了变化。从长期来看，新型农业经营主体规模生产、富农增收、数字经营、绿色发展的目

标协同于乡村振兴的总要求——在产业兴旺、生活富裕、生态宜居、治理有效等方面二者高度一致，其在参与乡村治理上具有逻辑必然性。因此，研究乡村治理问题需要从学理上进行反思，新型农业经营主体是如何参与乡村治理的？其理论逻辑是什么？其机制又是如何运行的？

（二）主体规模化：经济权自由激活政治意识

土地流转和多种形式的规模经营，是发展现代农业的必由之路。适度的规模经营能够降低土地细碎化程度，为农业经营主体在产品销售、要素购买和信贷获取方面提供成本优势。龙头农业企业具有引领和带头能力，能够有效联结产业链上下游，实现乡村产业链的整合；合作社和家庭农场强调生产和服务功能是连接农户和农业企业的纽带。新型农业经营主体各司其职、优势互补，作为外部要素投入和政策扶持的"中间人"，将土地、资本、技术和劳动等生产要素进行有效配置，让农民群体享受到成本优势和要素资源，实现乡村整体经济效益的提高。经济发展既带来了农户私人利益和村庄公共利益的共同增长，也显著影响了村民的政治自治意识。对于农户来说，经济收入的提高催生其对利益的关注和诉求，个体权利意识的提高激发农户政治权利意识的觉醒，影响其对村庄公共事务的参与和监督。对于村庄来说，市场化发展使传统村庄社会从受血缘亲缘维护的"机械团结"向受公共利益影响的"有机团结"转型，村庄公共利益的增长也有利于提升村庄社会的整合能力，进而增强村民对公共事务的参与度。村庄的经济发展好，村委选举和村务决策的民主程度会得到提高，村民对村委的监督程度也较高。

（三）主体多元化：丰富乡村治理主体

乡村治理的首要问题是主体选择，即乡村治理行为的发起者与承担者是谁，是农村集体组织、少数精英或是广大村民。农地制度的深化改革加速了农村土地流转和人口流动，也推动了新型农业经营主体的发展。乡村内部人地黏性松动，人情黏性疏离，社会结构的改变造就了多元乡村治理主体。根据新型农业经营主体内部人员和资产结构的不同，可将其大致分为内生主体和外生主体两类。其中，内生主体在成员组成上以"原村民"为主，资产结构以农户自有资产和村集体资产为主，主要包括农业专业大户、家庭农场和合作社。而外生主体的发展多是依托于工商资本下乡带来的资金和技术，人力结构上以外来管理者和技术人员等"新村民"为主，主要涵盖部分专业合作社和农业企业。新型农业经营主体的多元化使得乡村社会关系逐渐从"熟人"向"半熟人"过渡，在市场化程度较高的地区甚至与城市别无二致，完全成为"陌生人社会"。

然而，乡村社会关系的运作遵循人情互惠原则，建立在信任和亲缘关系上的社会关系网络对经济关系和经济行动有着重要影响，主要体现在社会关系的使用能增强双方的信任和期望，促进双方合作与互利互惠。

内生主体熟悉乡村的民风民俗，深度嵌入乡村熟人社会，在土地流转、雇工、生产和服务获取等方面具有得天独厚的优势，交易成本较低。作为"原村民"，内生主体对村庄的归属感和责任感更强，在关注自身经济利益的同时也会重视村庄公共服务、生态保护和社会治安等方面的发展，毋庸置疑地成为乡村治理的承担者；而外生主体虽然在专业技能和管理方式上有比较优势，但作为村庄"新村民"，嵌入村庄程度较低，在生产经营活动开展上面临的阻碍较大，需要与基层权力机构产生利益联结，以便统筹乡村资源并获得更多的政策扶持。

外生主体通常会采用与基层领导班子或精英干部合作的方式，加强主体在村庄的嵌入性。一是说服基层干部兼任经营主体内部管理层的职位。对经营者来说，这样不仅能优先获取政策优惠，还能让基层干部利用自己的权威协调和动员本村村民加入新型农业经营主体的建设中，节省了谈判成本。对于基层干部来说，这种合作既能有效带动当地经济发展，为自己的政绩添光加彩，又能从外生主体处获得权利，属于双赢之事。二是经营者通过民主竞选或协商的方式加入基层领导班子，参与村内事务决策。这样不仅能为主体争取到惠农政策扶持，还能利用干部身份，在处理土地流转、员工招募等日常事务中享有一些便利。在合作模式下，外生主体的经济行动嵌入乡村社会关系网络中，通过关系网络信任和声誉资源来降低自身的运营成本和交易成本。新型农业经营主体的效益越好，效率越高，与村庄的联系就越紧密，形成正向循环。总的来说，乡村治理的发起者不再仅是"村支两委"，承担者也不应局限于村内农户，新型农业经营主体作为村庄经济发展强有力的驱动者和维护乡村秩序的承担者，理应成为乡村治理主体的一部分，享有乡村治理的资格。

（四）主体专业化：完善科学治理知识

乡村治理知识作为一种特殊的知识，受地理、经济、文化和习俗等多种因素影响，与时代背景和治理主体密切相关。在中国农村地区和少数民族地区，存在因文化和传统而异的地方知识，主要有三个组成部分：一是由国家机构的代理人在乡村传播、使用的类官方知识；二是由乡村一般群众持有、掺杂了当地传统和价值观的大众知识；三是由长者持有，涉及乡村风俗、族群和历史的传统知识。乡村治理在很大程度上依赖于地方知识及其演化而来的非正式制度，以及治理主体在长期生产生活中总结出的经验知识。治理知识多样性和科学性是影响乡村治理成效的因素之一，也决定着乡村治理现代化目标是否能顺利实现。改革开放后，经济发达地区形成以"富人治村"为主的经济精英治理模式，其治理知识来自从商经历和城市生活，但治理决策容易脱离乡村发展实际。也有务农能力强，在村庄中德高望重受人尊敬的"中农治村"。但中农群体受教育年限普遍不高，学识有限，能参与村庄治理主要依靠的是在农村多年的生活经验和个人声望，治理知识虽接地气，却缺少现代化治理理念，依赖于经验和习俗的"治人治村"方法已不再适合农业现代化生产下新农村的发展。

新型农业经营主体对于乡村治理知识的完善，可从外生主体输入作用和内生主体适应作用两个方面进行论述。外生主体由教育年限较高、专业水平过硬的人员组成，能够为乡村带来丰富的农业技术、绿色化和信息化生产以及企业管理等知识，知识外溢性推动了乡村社会在行为方式上的转变。技术专业性能够将绿色化和信息化的发展理念融入农村的生产行为中。某些地方为了完成经济指标不顾长远发展，只谋求眼前利益，使农业面源污染严重，这违背了"绿水青山就是金山银山"的宗旨。新型农业经营主体作为现代化绿色生产的主力军，能够从源头上对整个产业链进行生产方式的重塑，以绿色发展理念规范乡村生产行为，实现乡村绿色发展和可持续发展。新型农业经营主体的信息化特性不仅对应了中央大力鼓励的"互联网+"现代农业生产方式，同时还成为信息技术进入村庄的桥梁。例如,农业农村部推出"新型农业经营主体信息直报系统",新型农业经营主体可利用手机应用实现信息直报、服务直通和共享共用。信息化管理是农业管理方式和治理模式的创新,农户能够更容易接触到新思想和新科技,减少信息鸿沟,提升基层农业生产、信息传递和日常办事效率。

然而,完全外生的冲击在短期内是难以被传统乡村社会所接受的,内生主体在乡村对输入知识的理解、认同和运用上发挥了适应作用。乡村社会对外来知识和环境变化的适应程度越高,外来知识演化出的乡村治理制度的适应性效率越高,越能提高制度竞争力,适应当地经济社会发展要求。内生主体作为外来知识的"接收者"和地方知识的"拥有者",一方面,能够更快学习和运用外来知识,并依托村庄的熟人网络对知识进行传播,降低了村民对新知识的学习成本;另一方面,能够结合当地特色文化和传统对外来知识加以修正改良,提高了村庄整体对知识的适应性效率。这不仅提高了治理效率,还不脱离村庄的实际发展,切实做到治理方式因人、因时、因地调整优化。

(五)主体市场化:规范正式治理工具

家庭制度的回归使中国传统乡村秩序得以复位,随之带来家族、宗族、村社公私关系以及一系列非正式制度回归。历来村民自治多以家庭制度基础演化出的非正式制度作为治理工具。非正式制度中虽有劳动人民智慧凝结的精华,亦有糟粕。例如,过度饮酒的习惯使村民安于现状,陷入不思进取的贫困陷阱中,从而影响村庄长远发展等。在认可由非正式制度演化的自治形式的同时,乡村也需要科学化治理知识衍生出的正式制度将治理过程和治理工具规范化,建立健全"自治、法治、德治""三治"结合的乡村治理体系,从而提高乡村治理效能。新型农业经营主体的市场化经济组织特性,有助于规范农业生产各个环节,进而带动乡村基层将成熟的乡村治理经验转化为正式的治理制度。

1. 土地流转市场规范化

新型农业经营主体的首要特征是规模经营。实现规模经营一是要转入大量土地,二是要投入大量要素来提高生产率。新型农业经营主体在享受规模经营带来的高效益时,也要承担更多经营风险,土地集中需要多个小农户土地经营权的退出，提高了租赁成本、签约成本和监督成本；对劳动力、农机、技术和农业生产服务等固定资产的投入成本激增，如果从长期来看生产不稳定，资产投入容易"竹篮打水一场空"。因此，新型农业经营主体需要稳定的合约来确保其经营权的稳定，转入农地面积越大，对合约稳定性需求越高。流转合约是口头签订还是书面签订严重影响着合约稳定性，因此新型农业经营主体更倾向于选择书面合约的方式。正式合约的签订，一方面，使基层干部在处理土地纠纷时有据可循、有法可依，减轻了基层日常矛盾调解的工作量；另一方面，也维护了农户和新型农业经营主体间平等的合作关系，维持乡村秩序的和谐稳定。当小农户意识到以正式的方式把土地租让给新型农业经营主体，不仅有利可图，还省心省力，自然更愿意将自家土地转出，形成规模经营和农地流转的良性循环。当大部分人签订过正式的书面合约，拥有签约意识后，小农户间进行土地流转时也会更倾向于选择签订书面合约。乡村治理工具逐渐由民间非正式过渡到强调正式和法治，治理效率大幅提高。

2. 金融借贷市场规范化

土地流转适度扩大了经营规模，也引发新型农业经营主体更高的资金需求，融资过程推动了乡村信贷市场的规范。早期由于金融机构的下沉服务不到位、抵押制度不完善、农户缺乏正规抵押品等因素，农户往往采用非正规的信贷手段获取农业发展所需资金。自2015年起，国家开始进行相关政策改革，"三权分置"实现了农地经营权与承包权的分离，国家也提倡和鼓励将农地经营权作为抵押品进行抵押借贷，使农地经营权初步具备资本功能。可抵押的农地经营权，显著提高了新型农业经营主体获取正规信贷的机会和意愿。国家"两权"抵押贷款试点政策，在为新型农业经营主体提供融资机会的同时，规范了农村借贷市场，减少了民间贷、高利贷等情况，借贷纠纷减少。同时进一步盘活了农村资产，缓解了三农领域融资难、融资贵的压力，推进农业生产整体向好发展。

二、新型农业经营主体参与乡村治理的意义

（一）有利于筑牢基层治理物质基础

新型农业经营主体所拥有的资金要素积累是促进乡村各项事业稳定发展和资

源优化配置的有力支撑。新型农业经营主体参与乡村治理在深刻改变乡村社会治理结构的同时，也为乡村建设带来了必要的资金、人力资源、农业生产技术和服务等，为实现农业强国的目标创造了有利条件，夯实了乡村治理现代化的物质基础。

一方面，各类新型农业经营主体主动引入农业生产过程的先进技术设备和现代经营管理模式，有利于推动农业生产方式、组织方式和管理方式变革，重塑乡村经济的微观物质基础。

另一方面，为了更好地开展农业生产活动，以农民合作社为代表的新型农业经营主体会更愿意承担政府项目和响应乡村建设、农村发展的政策号召，以投工投劳和提供公共服务资源的方式参与乡村治理环境中，增加乡村公共产品和服务供给，助力乡村基础设施和公共服务建设提档升级，促进乡村公共事业发展。新型农业经营主体是乡村经济发展的产物，经济参与是其参与乡村治理最主要的方式。新型农业经营主体在参与乡村治理获得经济利益的同时，也以农业生产项目为纽带，主导和牵引各类农业生产活动，带动农民增收致富，发展壮大农村集体经济，促进乡村善治。

（二）有利于夯实农业人才发展基础

新型农业经营主体的发展壮大是一个聚集人才、引育人才和造就人才的过程。

其一，新型农业经营主体在推进乡村振兴战略进程中扮演着重要角色、发挥了积极作用。新型农业经营主体带头人主要是乡村创新创业带头人、"新乡贤"乡村致富带头人等乡村精英和能人，他们是一批懂农民、知农业、爱农村的人才群体，具备个人素质、专业技能以及先进的经营理念。新型农业经营主体通过发挥专业人才优势，为实现乡村治理现代化和乡村振兴培养储备高素质人才。

其二，随着乡村振兴战略的深入推进，新型农业经营主体对农业人才的长期需求会倒逼一批传统村民快速成长成为乡村精英，乡村治理主体也由"传统村民"转变为"新型职业农民"。这种由于乡村治理主体转变和治理结构优化构建的新乡村治理体系构成了乡村治理新的基础。

其三，新型农业经营主体的快速兴起与蓬勃发展能够吸引高素质农业人才返乡创业就业，耕好乡村振兴人才"储备田"，集聚人才振兴合力，拓宽农村劳动力就业渠道，拓展乡村社会自主成长的制度空间。

（三）有利于增强乡村文化价值认同

新型农业经营主体是乡村社会文化与价值理念引导、培育和重塑的重要媒介。

一方面，新型农业经营主体带头人作为"内强素质、外强能力"的"新农人"活跃在乡村文化建设各领域，通过思想引领和核心价值培育，引导当地乡村文化朝着积极的方向发展，以实际行动助力乡风文明建设和乡村文化振兴。

另一方面，新型农业经营主体带头人具有强烈的乡土情怀，他们与农民群众长期交互形成的情感联系创造了新型农业经营主体与乡村大众沟通交流的条件。在新型农业经营主体带头人的引领和帮助下，农民群众更易于借助集体的力量找到或建立与之契合的文化认知模式。新型农业经营主体组织属性中的"集体主义"和"群体主义"会影响农民群体，乡村社会中留存的组织文化也会唤起农民的集体意识，基于共同的信念和行动逻辑，农民群众对于自身乡村治理主体的身份认同、对于村庄的归属感和荣誉感将进一步增强，从而提升村庄共同体的凝聚力。

（四）有利于重构乡村社会治理格局

新型农业经营主体参与乡村治理有助于重塑乡村治理结构，重构乡村治理格局，推进乡村治理制度的演变和优化，创新乡村治理模式。

一方面，新型农业经营主体在农村复苏或重建，有利于村级组织的重塑和治理议题的更新。新型农业经营主体通过引领留守的乡村精英参与基层治理，推动乡村精英身份从私人性向公共性转变，不仅促进了乡村公共利益的均衡化发展，提升村级议事能力，也缩短了基层政府与村民大众之间的距离，夯实乡村治理的群众基础。

另一方面，新型农业经营主体带领小农户参与乡村治理是基于对乡村变迁复杂性和不确定性感知所产生的社会活动。新型农业经营主体通过发挥经济主体优势带领农户增收，借助经济手段引导农户参与乡村公共服务建设和维护乡村秩序稳定。这种有组织的市场活动能够将新型农业经营主体的预期目标与农民应对社会变迁产生的不确定性的现实需求结合起来，加快"小农经济"向规模经济转变，帮助农民更快适应现代农业发展的市场需求和运作机制，并为及时有效地吸纳农民利益诉求提供平台，为解决村民利益冲突提供了新的路径，促进集体行动的达成，缓解了原子化状态下农民的不安与担忧。

三、新型农业经营主体参与乡村治理的困境

（一）参与主体缺位

新型农业经营主体参与乡村治理的核心要素是人，要求以高素质农业人才作为主体支撑。目前，乡村人、财、物的外流与离心导致新型农业经营主体参与乡村治理缺乏内生动力，主体缺失成为制约新型农业经营主体参与乡村治理的首要因素。一方面，农村农业生产力低下，传统粗放分散式的小农经营方式无法带来较高的经济效益，导致大量农村青年劳动力向城市转移。长期以来，乡村精英、优质人才持续外流，而回流极少，乡村缺少人气、活力和生机，治理性危机凸显。另一方面，我国农民整体职业素质偏低，农业科技水平不高、产业发展意识落后，导致新型农业经营主体建设乏力甚至形同虚设，参与乡村治理也就显得"力不从心"。此外，我国新型农业经营主体发展水平高低不一、发展质量参差不齐，整体上是不均衡的。根据《2022年新型农业经营主体发展报告》显示，在五百强新型农业经营主体中，中部和西部地区的农民合作社、示范社与农业企业数量均低于东部地区。加之受限于资源要素供给，中西部地区的新型农业经营主体发展缓慢，农业产业项目难推广、难落地、难执行，进一步削弱了新型农业经营主体参与乡村治理和乡村振兴的积极性，迫使众多新型农业经营主体带头人选择另谋他路，乡村人才持续外流，参与主体长期缺位，形成恶性循环。

（二）价值理念偏移

新型农业经营主体与农户之间基于利益联结形成了发展共同体，新型农业经

营主体的公共性价值取向可以有效维护农民权益，但新型农业经营主体发展异化问题将会削弱其公共性，阻碍乡村治理效能的提升。

一方面，在新型农业经营主体的发展过程中，由于政策供给不均衡和市场机制不完善，一些基层政府的惠农性政策过度偏向于新型农业经营主体的身份标识，而对小农户的惠及性不够，造成部分新型农业经营主体价值理念偏移和主体行为异化。新型农业经营主体带头人或其内部组织成员可能会利用自身的管理、信息优势为自己牟利，管理层自利动机凸显，长此以往，势必会加剧乡村"精英俘获"现象，增加基层治理负担。

另一方面，新型农业经营主体的过度逐利性会造成惠农资源的流失。过度逐利的新型农业经营主体通过盲目申报惠农项目来获得各类农业财政补贴，不仅造成惠农资源的浪费，削弱政策帮扶效应的自主能动性，也破坏了乡村公共产品供给的均衡性，营造虚假繁荣的景象，影响了基层政府的公众形象与公信力，增加乡村治理难度。

（三）参与动力不足

新型农业经营主体有效、高效参与乡村治理能够发挥主体优势，凝聚合力，激发活力。但在实际经营过程中，新型农业经营主体参与乡村治理也会面临参与动力不足和社会资本匮乏的困境。

一方面，新型农业经营主体的乡村治理权力薄弱。尽管在多数农村地区构建了党组织与其他农村社会组织双重嵌入的组织体系，但基层政府实际掌握着主要公权力，新型农业经营主体参与乡村治理权力受限，自主治理和作用发挥空间相对狭小。在长期的体制性桎梏和政府单一治理路径的影响下，新型农业经营主体的自主性受到钳制。当农民个体利益受损或者发生权益冲突时，基层政府是其寻求帮助的第一顺位主体，对新型农业经营主体的选择性避开势必会打击新型农业经营主体参与乡村治理的积极性。

另一方面，社会资本的匮乏也会导致新型农业经营主体参与乡村治理动力不足。乡村社会市场化导致不同农业经营主体之间的利益分化悬殊，乡村治理的复杂性和不确定性显著增加。在乡村传统社会信任模式备受冲击和乡村人才大量外流的背景下，社会信任资本增长缓慢而消解速度加快，新型农业经营主体参与乡村治理遭遇阻碍。社会资本匮乏、经营主体分化和发展环境多变不利于新型农业经营主体的组织化、规范化和规模化发展。

(四) 制度供给失衡

新型农业经营主体有效参与乡村治理是推进乡村治理现代化的重要内容。当前，现代农业组织的发展环境复杂多变，新型农业经营主体参与乡村治理的政策措施尚未完善，各类新型农业经营主体的作用发挥孱弱。

一方面，新型农业经营主体发展缺少完整的法律体系。法制建设是持续推动新型农业经营主体有序参与乡村治理的基础保障，也是保证乡村社会良性运转的法制基础，但在新型农业经营主体参与乡村治理诸多领域中的法律建设仍未完全规范，在细分合作社、家庭农场、农业创新企业等新型农业经营主体参与乡村治理方面的法律法规尚未健全完善。

另一方面，新型农业经营主体的制度性规范供给不足。随着乡村社会的不断变迁，乡村市场竞争也越发激烈，各类新型农业经营主体数量激增，如果缺少规范的法律法规进行有效引导，不同农业经营主体间的矛盾将难以解决。不同新型农业经营主体对于乡村议题和公共决策会有不同的意见表达，针对性、规范性制度的缺失会进一步加深矛盾冲突，给乡村治理带来严峻的挑战。通常，持有自利动机的新型农业经营主体参与乡村治理具有过度逐利性的特点，在参与制度规则不完善的情况下，自由市场竞争会促使"利己之心"转变为"利己之行"，这就要求规范化管理、全过程监督和监管。

四、新型农业经营主体参与乡村治理的推进对策

(一) 加快转变政府职能

一是助力多元化经营。当前，新型农业经营主体产业化水平较低，发展形式较为单一，尚未形成规模化、体系化发展态势，为推动新型农业经营主体更好地发挥其政治功能，各级政府应加大政策扶持力度，吸引更多高素质农业人才投身

到乡村建设和乡村振兴的行列中，鼓励更多精英、能人返乡、回乡创业，为乡村治理和乡村振兴提供强有力的人才支撑，促进新型农业经营主体发挥"领头"作用，从而实现多元化、高质量发展。

二是深化简政放权。政府及相关职能部门应逐步完善新型农业经营主体认定标准，遵循"宽进严出"原则对新型农业经营主体的经营活动进行审查认定，强化申报程序审核，优化新型农业经营主体的审批流程，积极搭建中小微农业企业服务云平台，加快简政放权、转变政府职能，深化农业农村领域行政审批制度改革。

三是加大金融支持。在财政方面，设置专项资金并扩大专项支出比例，拓展新型农业经营主体发展空间；在信贷方面，适度放宽贷款、融资等政策限制，降低新型农业经营主体准入门槛，引导金融机构开发更多农业金融产品和服务，发挥"财政+金融"协同效应；在税收方面，积极采取税收减免、延期纳税等帮扶政策。

四是强化宣传教育。一方面，要积极宣传农业经营典型案例，促使传统农民改变现有观念，转变认识新型农业经营主体的经济、政治功能。另一方面，强化教育培训，培育更多新型职业农民，夯实新型农业经营主体发展的人才基础。

（二）提升经营主体服务能力

一是以农户为基本单位，构建乡村社区共同体。以发展现代农业、增加农民收入为目标，通过农业产业化联合体、入股分红、土地流转等举措，创新新型农业经营主体与农民群众的利益分配方式和联结模式，提升新型农业经营主体的组织力和联农带农能力，充分激发农民参与乡村治理的动力，凝聚乡村治理合力。

二是提升新型农业经营主体社会化服务能力。农业社会化服务是实现农业现代化的重要途径，各类新型农业经营主体应积极承担科技推广、农业项目和公共产品供给，拓展社会化服务领域，加强农资供应、生产加工、仓储物流、产品服务等能力建设。

三是深入发挥新型农业经营主体外联市场、内联群众的作用。农业经营要以农民为主体，充分尊重农民的自主意愿，增进与广大农民群众的有机联系，倾听农民利益诉求，搭建起与农民群众沟通的桥梁，引领更多农民群众组织化参与乡村治理，促进基层党建延伸，优化村级治理。

四是重视经济参与，激活内生动力。产业兴旺是推进乡村治理有效的经济基础，新型农业经营主体要转变经营理念，结合当地资源禀赋，聚焦现代农业园区和美丽乡村建设，培育乡村新业态、新经济，因地制宜地发展乡村产业。

（三）加强经营主体组织建设

一是要将乡村文明建设与新型农业经营主体的组织建设有机联系起来，突出抓好农民合作社和家庭农场组织建设，以社会主义核心价值观为准则，重塑新型农业经营主体组织架构。新型农业经营主体是乡村振兴背景下的时代产物，其参与乡村治理、嵌入乡村社会环境，能够感知和影响乡村治理环境。推进乡村善治不能把新型农业经营主体看作单一主体，在全面提升乡村思想道德水平的同时要强化新型农业经营主体带头人的培育、培养工作，加强组织建设，重塑价值理念。

二是加强新型农业经营主体组织文化建设，培育乡村文明风尚。新型农业经营主体组织文化体系建设要利用好乡村文化能人、文化精英以及"新乡贤"等优质农村文化建设者，赓续农耕文明，增强农业经营组织的凝聚力和向心力，激发乡村文化振兴"内生主体"活力，扭转乡村文化主体"缺位"的困局。此外，新型农业经营主体参与乡村治理应注重积累群众信任、组织声誉、村民支持等发展要素，增强乡村治理的着力点，加深新型农业经营主体与村民之间更深层次的联系，凝聚乡村治理合力。

（四）强化基层党组织作用发挥

一是提升基层党组织的领导力。一般来说，农村地区有基层党组织、村（居）委会和以农民专业合作社为代表的农村经济组织，其中基层党组织是推动乡村治理工作的"末梢神经"，提升基层党组织的组织力、领导力和号召力，有利于培育、引导和规范各类农业经营主体有序参与乡村治理。加强基层党组织同农业经营主体的联系，以党建带群建，有助于促成基层党组织与农民群众、农业经营主体之间的良性互动。注重将基层党组织延伸到乡村社会的各个领域,把党支部建立在龙头企业、农民专业合作社、家庭农场以及其他各类型农业经营主体,加强基层党组织领导体系建设。

二是妥善处理基层党组织与村两委和新型农业经营主体之间的关系。在确保各个治理主体履行责任和义务的前提下,加强基层党组织与村(居)委会和新型农业经营主体之间的联系,强化基层党组织与其他主体之间的协同共治能力。基层政府要打破传统自上而下的"单中心"治理思维,构建"党组织+经营主体"共治模式,激发基层党组织与各类新型农业经营主体协同治理的内在动力,积极整合新型农业经营主体的乡村治理优势。

(五) 建立健全基层组织制度

一是加强相关制度供给。动态调整和优化各类新型农业经营主体的管理条例与规范,明确不同类型经营主体的功能定位和权责划分,通过构建良好制度生态环境,保障新型农业经营主体的经营权益,扩大发展空间。以科学立法加快完善法律体系,多途径畅通各个乡村治理主体的利益诉求渠道,合理准确地划分新型农业经营主体与其他方的权益归属,将新型农业经营主体参与乡村治理相关事项纳入正式的制度规范中。

二是坚持分类施策。不同新型农业经营主体参与乡村治理的方式、功能有所差异,相同经营主体通过不同方式参与乡村治理的影响效果也有所不同。因此,基层组织制度要根据新型农业经营主体的规模、类型以及特性等进行优化调整,在管理上要坚持分类指导,强化制度规范引领。

三是利用制度约束权力,规范基层政府和党组织权力运行,防止公权力滥用现象,减少公权力对新型农业经营主体运行的不正当干预。

四是建立健全新型农业经营主体组织制度,推进内部治理改革,提升组织运行效率,从根本上保证新型农业经营主体的可持续发展。

第二节　乡村精英参与乡村治理优化

如今，一部分乡村外流群体通过努力打拼，掌握了一定的资源，如资金、人脉、技术、信息，进而逐步走上村庄治理舞台，而另有一部分群体通过返乡自主创业，凭借自身学识和威望参与到乡村的治理中，发挥出较大作用。这两部分人群可称为乡村精英，他们作为乡村治理中的特殊群体，凭借在村庄社区中拥有知识、政治、经济、社会、文化、人脉等资源优势，扮演着基层社会的带头人和领导者，连接着国家与农民，为乡村治理现代化的实现提供着强大动力。

一、乡村精英的类型及参与村治的现状

从形式上来看，乡村精英可分为驻村干部、村（居）干部、大学生村官、科技特派员、乡村能人五类。

第一类，驻村干部。驻村干部是干部下乡制度的延续及表现。2015 年 4 月印发的《关于做好选派机关优秀干部到村任第一书记工作的通知》决定在党组织软弱涣散村、建档立卡贫困村以及革命老区、边疆和民族地区等地区选派驻村"第一书记"，目的是通过外力输入的方式推动精准扶贫和精准脱贫；而在 2019 年在三农工作的若干意见中指出将第一书记制度进行深化，向乡村振兴工作领域拓展。

第二类，村（居）干部。我国村干部主要包括村支书、村主任、村委委员、村（居）小组长等几类人群，村干部更多的是本土化的村干部，即户籍在本村，并且在村中长期居住的治理群体。工作内容涉及村中大小事物，并且在《中华人民共和国村民委员会组织法》中对村干部的工作职责进行了划分，如乡村公共管理、乡村公共服务、乡村公共安全治理等。

第三类，大学生村官。大学生村官是指专科以上学历的毕业生在自愿的基础上统一被选派到农村的参与者、决策者、建设者。2005 年，中央办公厅、国务院办公厅发布《关于引导和鼓励高校毕业生面向基层就业的意见》，2008 年在全

国开始选派大学生村官。大学生村官工作主要围绕宣传落实政策、促进经济发展、联系服务群众、推广科技文化、参与村务管理、加强基层组织等。

第四类，科技特派员。科技特派员是为解决三农问题以及农民看病等农业农村需求，而从事科技成果转化、优势特色产业开发、农业科技园区和产业化基地建设以及医疗卫生服务的专业技术人员。主要职责是乡村价值再造。

第五类，乡村能人。乡村能人包括农村党员、乡贤、返乡精英、种植能手、乡村企业家等，他们在参与乡村治理中属于自愿、自发的行为，具体工作内容涉及乡村经济、社会、政治等多方面，如经济上的带动、政治上的引领、社会上的感化。

二、乡村精英在村治中发挥的作用

乡村治理是在党的领导和政府推动下的基层治理模式，不同的乡村精英群体在乡村治理现代化中分别起着不同作用，如完善治理体制、优化治理过程和治理方式，相互促进和提升治理能力、服务能力、管理能力等。

（一）从乡村精英的类别上看

1. 驻村干部的作用

驻村干部在乡村治理中的作用主要体现在以下几个方面：第一，优化治理秩序。积极利用自身知识优势和资源优势为所驻村庄注入智力资源和吸取资金和项目，并且参与乡村制度的制定、资金使用与分配以及项目的规划和监督，将有效的治理规则和治理范式注入并融入治理过程中，建立合理有效的制度体系，以维护乡村秩序和优化内生发展动力；第二，增强治理能力。基层组织散漫、治理班子素质和知识水平低下以及领导力和凝聚力不足，使国家治理制度和措施难以执行，驻村干部以现代化的思想观念和工作方法，加强乡村治理队伍的治理能力，并且挖掘乡村人才，提升乡村整体治理水平和治理能力。

2. 村（居）干部的作用

村干部是乡村治理中的组织者、建设者、推动者，是国家密切联系群众的桥梁，起着引领、团结、组织、协调等作用。第一，村干部作为本土村民，了解村情村貌，能根据不同人员和不同的处境，利用合理的方式方法进行动员、宣传、教育、处理，如宣传国家基本政策方针，动员参与乡村治理，提升村民思想意识和村民素质；第二，村干部作为一种身份，对村干部自身有着约束作用，并且村干部作为乡村治理的主体，受广大群众的监督，二者的相互作用使得村干部在行为举止及工作作风上起着示范作用，进而带领群众集中力量办大事，营造良好的文明乡风。

3. 大学生村官的作用

大学生村官是最具有活力和最具有希望的群体，他们加入基层治理工作，优化了基层工作队伍，带来新理念、新思想、新技术。他们知识水平较高，但缺乏实践经验，原有的村干部或基层治理队伍拥有丰富的实践经验，但缺乏丰富的知识水平和相应的学历，大学生村官与基层干部队伍的结合正好弥补了彼此的缺陷。并且在建设网络强国、数字中国、智慧社会的过程中，大学生对信息技术的运用较为熟练，具有认真谨慎的钻研精神，能使用现代手段和技术优化乡村治理方式，提高乡村治理能力和水平。

4. 科技特派员的作用

科技下乡、信息共享促进农业美、农民富是乡村治理关键。科技特派员是科技下乡、促农增收的重要载体，通过个别指导和集体指导的方式将实用技术向乡村下沉，实现网络联通、信息互通、人人精通。科技特派员为农民提供产前、产中、产后的技术指导服务，在给农民进行培训和市场信息供给的同时促进科技成果转化、优势特色产业开发，并且在数字乡村建设的过程中强化乡村网络基础设施建设，推广和传播网络技术和信息，在维护乡村秩序的同时为乡村治理塑造良好的治理格局。

5. 乡村能人的作用

乡村能人在乡村治理的过程中也凸显出巨大作用。其中农村党员以其政治身份参与到乡村党建发展等治理工作中；乡贤以其在村中的威望和德高望重的优势为乡村治理输入动力；返乡精英以丰富的阅历和工作技能参与乡村治理；种植能手以熟练的种植技能和经验指导村民，而乡村企业家以先进的理念和敢闯敢拼的精神发挥榜样力量。

(二) 从乡村精英结构上看

从结构上来划分，驻村干部、大学生村官、科技特派员属于外援型的乡村精英，村干部属于内生型的乡村精英，乡村能人属于外援内生兼顾型乡村精英，三种类型的精英群体构成了稳定的现代化治理格局。建立了多元共治的治理环境，多方治理精英在整合资源的基础上以村民自治制度为指导，提供了物质保障，这集德治、法制、自治于一体，融合了国家、社会、公众，相互监督相互制约，使治理格局更加牢固，在牢固的治理格局下，实现整体聚焦，分类治理，提升了治理能力和效果，规避了社会秩序和利益碎片化。

三、乡村精英在村治中面临的困境

(一) 驻村干部困境：角色难以定位

驻村干部是以国家制度主导为根基、以外部力量为主动力的乡村治理体制的延续和表现，驻村干部成员来自上级不同部门，带有较强的"官方色彩"。驻村干部入驻乡村面临着两个关系的处理：一是与村干部的关系，二是与村庄社区熟悉度。驻村第一书记扮演外来者的角色，村干部作为村中人的角色，二者在乡村治理的过程中产生特殊博弈，博弈的结果是驻村书记与村干部关系的异化，此外，乡村社区是一个复杂的社会系统，驻村第一书记无法以独立的身份处于复杂乡村社会的关系和结构中，需要处理的是上接政府、中接村干部、下接村民的事务，需要把相互之间的关系完成由生到熟的转换。在关系博弈和身份转化的过程中导致驻村干部和村干部的职责交融，不分主次，使工作变得十分混乱。并且驻村干部在工作中全盘做主，本土村干部处于依附状态，难以发挥自主性作用。

(二) 村干部困境：多重压力并存

村干部作为国家行政体制之外的特殊群体，面临着村民、上级、现实等多方面的压力。村民是村干部直接面临的对象，随着村民对村干部的依赖性降低，基层工作难以推进。一方面，村民对于村干部的工作不理解、不支持，认为这些工作与自身没有太大关系；另一方面，由于村民的思想素质和文化水平较低，导致工作推进面临困境。上级部门对村干部的压力主要来源于两方面：一是执行环境与政策本身相违背，村干部是政策主要执行者，政策要求不符合乡村环境，使得政策难以落地；二是村干部与上级部门属于领导和被领导的关系，上级领导掌握着对基层单位绩效考核权力，村干部的主动性难以发挥，往往是被动执行者。现实也是村干部压力的主要来源。如乡村空心化和老年化、工资待遇低下、本身能力和素质落后等，乡村空心化导致治理谁的问题凸显，乡村老年化使交流沟通出现困难，能力和素质低下使基层工作出现有心无力的局面。

（三）大学生村官困境：未来出路渺茫

大学生村官属于政府派驻人员，管辖权归所属政府，但存在于编制之外，而在村委会，属于非政府人员，没有任何权力，并且非本地的大学生村干部也难以融入当地乡村社会，往往是属于依附于村委会。而关于大学生村官未来出路问题，或许有两个选择：一是继续当非官又非民的工作者；二是取到所谓的荣誉而离任，并且大部分年轻人对于未来的出路是迷茫的，做"撞钟者"与"守夜人"恐怕难以为继。

（四）科技特派员困境：工作难以推行

我国农村科技服务目前仍然以公益服务为主，科技特派员主要由政府派出机构担任技术指导工作，科技特派人员与农村、村民之间是服务与被服务的关系，从被服务对象来看，把这种服务当作理所应当、可有可无，加之农村技术指导工作受较多不可控因素的影响，使特技特派员身处有心无力的困境之中，并且由于科技特派员的工作属于公益服务，缺乏激励机制和评价机制，造成工作动力不足。以上多方原因，使科技特派员工作难以推行。

（五）乡村能人困境：作用难以发挥

乡村能人作为特殊的集群，理论上能为乡村治理现代化提供较大帮助，但在实际中，乡村能人的作用却难以发挥。

第一，农村党员作为一种政治身份，有义务参与乡村事物的决策和执行，但目前看来，农村党员在乡村党建中的作用仅停留在参与党组织生活会和部分与党员自身相关的事物，参与乡村其他事物既没报酬，也容易形成吃力不讨好的尴尬局面。

第二，乡贤虽然凭借在村中的威望优势在村民之间能起到组织和领导的作用，但乡贤的该作用与村干部的职能相违背、权力相冲突，使乡贤在村治中形成与村干部的排斥现象，另外，乡贤在农村地区依然稀缺，乡贤的作用也难以发挥。

第三，返乡农民工拥有丰富的阅历和工作技能，但他们对乡村治理的兴趣和热情较低，并且因利益的驱使，也容易形成资源浪费和无效治理。

第四，种植能手和乡村企业家也凭借过硬的技术和充盈的资本能在一定程度上解决乡村治理中部分难题，但种植能手缺乏带动和指导的能力和经验，农村企业家缺乏带动的动力。因此，无论是农村党员、乡贤、返乡农民工精英、种植能手以及农村企业家等乡村精英，在乡村治理现代化中均难以发挥出应有作用。

四、驻村第一书记：乡村精英参与乡村治理优化

作为推进乡村治理有效的一项政策制度，第一书记以"精英下乡"的形式通过"外力"参与、推动乡村有效治理，是解决政府与村民之间沟通的桥梁。因此，关注第一书记在乡村治理中发挥的作用以及如何与乡村治理内部主体互相作用具有重要意义。

（一）驻村第一书记在乡村治理中发挥的作用

根据全面推进乡村振兴战略和巩固脱贫攻坚成果的需要，当前第一书记的主要任务是帮助建强村党组织、推进强村富民、提升治理水平、为民办事服务。如今，驻村第一书记已经成为外部精英参与乡村治理的一支中坚力量，在第一书记的积极作用下，村容、村貌、村治都有了一定改善。

1. 重建基层党建，发挥引领作用

在"乡政村治"治理模式下，就基层党组织建设方面来说，部分村存在党组

织涣散软弱、党员结构老化、党员发挥带头作用不明显等问题，尤其是家庭联产承包之后分散了的家庭农业生产模式，弱化了农村基层党组织的核心主体作用，出现农村党组织空心化的现象；就村民自治来讲，一些地方"村霸"宗族势力参与村民政治，严重影响党组织的作用发挥，导致村民自治内部结构失衡，村民自治功能无法有效发挥。

尽管各村具体情况不一致，但是，总的来说目前农村党建面临着以下三个问题：一是农村党员队伍总体年龄偏大，青年农民入党不积极；二是党员教育活动、民主生活会、民主评议等活动松散；三是村党支部团结战斗力不强，引领农民群众发家致富的能力下降，过多考虑个人利益，工作担当意识不够，群众基础弱化。

针对以上问题，第一书记可以通过有效凝聚社会力量推动基层党建工作：一是积极协调村两委关系，落实民主集中制、村"两委"班子联席会等制度，指导村"两委"不断健全监督管理、议事决策制度，推动班子运行更加规范，促进班子团结，提高基层组织的团结战斗力；二是协助村党总支规范落实各项党建制度，加强党员队伍教育管理，规范党员日常行为，积极组织开展集中学习、民主生活会、重温入党誓词、主题党日等活动，进一步落实党员积分制、"十带头十严禁"等工作要求，发挥党员先锋模范作用，提升党员队伍整体素质，推动党组织在各项中心工作和重点任务中发挥更大作用；三是帮助建立各种村民自治组织，如理事会、监事会、议事会等，规范村级组织运行，提高村民自治的规范化水平。驻村第一书记强化了村"两委"组织能力建设，让党建更有活力，为乡村治理带来了新方式、新方法。

2. 整合资源，发挥纽带作用

从国家赋予的体制内资源来看，第一书记将组织资源连接至乡村，主动掌握最新政策信息，因人而异、因地制宜地选择政策为民所用、为村所用，进一步提高国家政策资源在乡村的配置效率，获得了村民对政府和基层组织的信任。

3. 倡导科学治理，发挥学识优势

驻村第一书记都是从各级政府机关、国有企业、事业单位选派的优秀中共党员，并且具有年龄优势和学历优势。第一书记以其年龄优势和知识资本，通过民主开放的思想观念倡导通过科学治理解决乡村治理的难题。作为"外来精英"，第一书记在看待问题时能够打破原有的思维局限，更加全面客观地看待当前乡村治理所存在的问题，进而为乡村产业发展、村民致富增收提供发展新思路、新路径。

作为外部驻村精英的第一书记对村治的帮扶起到了显著的作用。通过在各级党政机关、国有企业等单位选派优秀党员干部，采用"沉浸式"的入村工作方式，形成了村级多元共治局面，对于提升党组织涣散村的组织能力，提高基层党组织制度活力，协调各方优势资源，完善村内基础公益设施建设，推动乡村文化、产业、生态振兴，梳理疏离的村级干群关系，引导群众参与村级治理等工作，发挥了积极的作用。但是正是因为作为一种外部力量输入，第一书记在参与村治的同时也面临着以下一些问题。

(二) 驻村第一书记参与乡村治理面临的问题

1. 双重治理角色之间的矛盾

驻村第一书记刚到村工作时，普遍缺少村党支部书记的威望和群众工作能力，村党支部书记则缺少第一书记跑项目、促发展的工作经验和社会资源。第一书记的到来，打破了以村"两委"为核心主体的乡村治理模式，以往是村干部全权负责乡村事务，现在变成与第一书记共同治理村务。村干部权力的让渡难免会产生心理落差，就可能导致在后续工作的开展上第一书记与村干部各行其道、各自为政，甚至相互竞争不愿合作，产生相互不服输的心理。有些村子是第一书记事事冲在前面，工作做得热火朝天，在村民中很有话语权。村"两委"干部却无所事事，有的村干部甚至在乡村治理中毫无存在感。有事就找第一书记成了村民们的第一反应，第一书记成了乡村治理的主要力量，村干部却成了配角。特别是当意见观点相左、利益不一致等情况下，易发生内讧，产生内耗，严重破坏团结稳定、弱化凝聚力，从而引发新问题。

2. 双重治理理念的摩擦

驻村第一书记都来自政府机关单位、国有企业和事业单位，机关工作和基层工作在工作和思维方式等方面都存在着一定差异，有些方面甚至差异很大。第一书记来自科层组织，做事讲究规则、制度、效率，而乡村是一种熟人社会。乡村治理讲究人情、血缘、地域等行为习惯，体现了传统的文化特性，遵循着熟人间的工作方式。因此第一书记在融入乡村过程中，容易被排斥在村庄熟人社会的文化圈外，使工作开展陷入了困境。某第一书记表示，在刚到任时，村民对自己是非常不信任的，认为自己是一个"空降兵"，了解情况时村民也不怎么配合，工作开展比较困难。还有些村民认为，第一书记是临时选派的，任期较短，只待两三年，待够时间就走，回去等着提拔，也就是走走形式。村民的排斥与不信任，严重影响第一书记工作的开展，如果第一书记不能与村庄融为一体，取得村民的信任，将直接影响乡村的有效治理。

3. 治理权责不一致的冲突

驻村第一书记在参与乡村治理过程中存在权力与责任不一致的情况，通常是责任重大而权力有限。本应全面参与乡村帮扶工作的第一书记有时被排斥在外，而现有的制度对于第一书记与村支书、村干部的权力界定是比较模糊的，容易造成二者在乡村治理中产生权力冲突。其次，第一书记都是从各个单位选派的，派出单位不同，第一书记的权威和资源分配上也存在差异。在乡村治理中，单位层级越高，所获得的资源就越多，第一书记获得的资源也就越多。

第一书记自身的职位、能力、经验、社会关系，也影响着权力资源的分配，权力资源的配置不平衡影响着乡村治理水平。第一书记在开展帮扶工作时，任务繁重，要同时接受上级党委组织部门、干部帮扶工作领导小组、派出单位、乡镇等各部门的工作安排，承担推动基层组织建设、提升乡村治理水平等任务。但实际工作还包括了农村工作的各个方面，计生、综治、环保、生产等一系列工作，乡镇党委政府也更愿意将工作安排给领会精神能力强、业务能力强、沟通能力强的第一书记。第一书记从被选派下乡到完全了解村庄各方面情况，从村民眼中的"外来人"到深受村民信任，努力建设和完善乡村基础设施，维护农业生产生活秩序，帮助村民解决实际生产生活困难，促进乡村产业经济发展，实现贫困户全部脱贫，每个方面都面临着很大挑战，承受着巨大压力。与此同时，第一书记还要承担上级部门严苛的考核标准和巨大的考核压力，权责失衡不利于第一书记参与乡村治理工作。

(三) 第一书记参与乡村治理的优化策略

1. 明晰第一书记治理角色定位

首先，明确第一书记与村支书的权责范围，细化权责边界，完善权责清单，以防因权责不清、权责不一致产生内讧。其次，第一书记要充分利用村支书所掌握的熟人社会资源履行乡村治理职能，充分发挥自身的支持作用，与村"两委"共同做好各项工作。村支书则要借助第一书记的先进治理理念和知识经验提升治理能力。最后，加强第一书记与村支书之间的有效沟通，通过经常性谈心谈话加强思想教育，引导第一书记摆正心态，协调好与村干部之间的关系。由于具体情况截然不同，如果在隶属关系上做出硬性要求，这样反而不利于乡村治理工作的展开。部分第一书记的能力比较强，部分村干部的能力比较强，实际的领导力和领导地位是在工作中逐渐形成的，不是靠文件规定的。第一书记要获得村干部的认可与信任，也不仅是依靠组织赋予的权力，更要靠工作态度、工作作风、工作能力，靠真真正正地给村民们带来帮助。第一书记与村干部都要认真履行职责，营造出积极干事的友好和谐氛围。

2. 提升第一书记乡村治理能力

由于乡村社会一直以来的排外特性，第一书记作为"外来人"在刚开始工作的时候通常需要花费大量的时间精力熟悉乡村事务、弱化村民的排斥心理，只有在深入了解和取得村民信任的基础上才能做好工作。所以，对第一书记来说，进村后的第一件事就是要熟悉、适应环境，融入村民生产生活之中，这样才能做工作、做好工作。因此在处理问题时不能先入为主，更不能随意对村干部指手画脚，要根据客观情况，不断总结、思考、提升。此外，完善岗前培训制度，通过村情村貌、乡村资源、村民现状、治理困境等方面知识的培训学习以及任期结束的第一书记们传授经验的方式，进一步提升第一书记乡村治理工作能力以及与帮扶村庄村的适配度，使其进村后顺利适应工作环境，尽快进入工作状态。

3. 明确第一书记治理权责边界

驻村第一书记是国家派驻乡村的工作人员，一般来说其进驻乡村时会有一定的政策资源，这些资源属于集体，属于全体村民，第一书记往往没有绝对的支配权，只有建议权。这无形中就造成了在帮扶过程中第一书记的帮扶思路受制于权限，从而影响帮扶工作的顺利开展。例如，在村庄产业经济发展中，村民有可能受限于眼界，在效益突出的高新产业和效益相对较低的传统产业中，村民往往倾向于传统产业，第一书记由于缺乏村务治理的决策权，对于此种情形，只能顺应民意，从而影响乡村资源的开发、经济的发展和治理成效的发挥。所以，要明确第一书记的治理权责边界，根据实际情况改善第一书记仅作为帮扶政策、帮扶资源传达者以及只有政策执行权限的问题。还要根据具体的工作任务量、工作难易程度、驻村实际情况等赋予第一书记相应的权限，使其权责匹配，才能充分激发工作积极性，使其在有利于乡村发展的事务前有一定的决策权，使政策资源和社会资源的运用合理有效且符合民情。另外，乡村工作条件大多十分艰苦且难度大，第一书记从各方面条件相对较好的原单位派驻农村，在具备一定的责任心、爱心、奉献精神之外，更需要政府给予强有力的支持。所以，除了加强第一书记工作成效的考核，更要有重用基层干部的导向，强化第一书记工作动力。在第一书记任期工作结束后，要及时按照制度标准进行考核，兑现第一书记工作奖励。同时为避免第一书记工作成效初显而任职到期导致后续工作不可持续的现象，应当在充分征询第一书记意见和保障第一书记基本生活条件的基础上适当延长派驻时间，以保证乡村工作的可持续发展。

总之，驻村第一书记制度作为我党的一项创新型干部选派制度，该制度的施行不仅促进乡村经济社会的发展，也对乡村治理产生了重要影响，促进了乡村社会的有效整合与治理，是实现乡村振兴的重要保障。第一书记在基层党建、资源整合、科学治理等方面对乡村治理领域产生了积极的影响，成效显著，提高了乡村治理水平，但同时也存在着许多问题。如何有效发挥第一书记的作用从而不断提高乡村治理水平依旧是今后研究的重点问题。

第三节　新乡贤参与乡村治理的逻辑理路

新时代深入推进乡村治理现代化，是实现乡村振兴战略的重要内容，关系着国家治理体系和治理能力现代化目标的实现。随着乡村振兴战略的深入实施，人才的重要性更加凸显，2021年中共中央办公厅、国务院办公厅印发的《关于加快推进乡村人才振兴的意见》进一步明确要"拓宽乡村人才来源、聚天下英才而用之"，特别强调要"加快培养乡村治理人才"；党的二十大报告也提出要扎实推动乡村人才振兴。而量大面广、德才兼备的新乡贤群体是宝贵的资源，也是推动乡村协同善治不可忽视的重要社会力量。当前，在推进基层社会治理现代化大背景下，如何充分发挥新乡贤的积极作用，助推乡村有效治理，已成为亟须解决的重要课题。

一、新乡贤参与乡村治理的概述

（一）新乡贤的内涵分析

目前，关于新乡贤的定义在学术界尚未达成一致，但都认可新乡贤是由乡贤的内涵发展而来。乡贤作为特殊的一类乡土精英人才，是指乡村中德高望重、德才兼备、受人尊崇的贤人志士，乡贤不仅是学识和身份的象征，更是财富和道德品质进一步升华的代表，他们在"皇权止于县"的统治延伸下，承担起乡村的治理、文化的传承及道德的维护等任务。随着社会的发展，新乡贤被赋予了新的时代内涵，更加强调建设乡村，对德、才、情、绩有了更高的要求。本书认为对新乡贤的定义，应把握以下三点。第一，德才兼备。这是新乡贤区别于传统的"富人、能人治村"的根本，新乡贤除了有知识、有能力，还必须有较高的道德品质，这是提高乡村德治水平的关键。第二，情感纽带。新乡贤与其参与治理的乡村要有一定的亲缘、地缘或业缘关系作为情感纽带，预防新乡贤成为"资本下乡"的幌子，使真正具有乡愁情感的新乡贤能够情系家乡、奉献家乡。第三，建设乡村。新乡贤需要以自身的才能和资源投入乡村的经济、社会、民主、文化、环境等方面的发展与建设中，热衷于乡村公共事务。基于以上特点，本书认为新乡贤可以泛指具备一定的知识与才能，方正贤良，愿意为一直或曾经生活过的乡村建设贡献自身力量的贤达人士。

（二）新乡贤参与乡村治理的价值

1. 强化乡村治理内生性基础

保持乡村的长期稳定仅依靠行政力量是困难且成本巨大的，必须通过乡村内生性权威予以辅助实现。然而，乡村在工业化和城市化的冲击下，乡村的内生性权威基础弱化，乡村的社会关系网络也逐渐瓦解。一方面，乡村共同体意识逐渐弱化，乡村由传统的熟人社会逐渐转变为半熟人社会，村民之间缺乏集体行动精神与合作能力，对乡村的归属感和认同感逐渐降低；另一方面，乡村人才精英和劳动力资源不断流向城市，乡村空心化问题导致乡村发展的内生力量严重不足，这也直接摧毁了乡村自治基础，乡村原有的自治活力面临行政僵化。新乡贤回归乡村并参与乡村治理，一方面，能够填补乡村人才的不足，为乡村治理注入"新血液"与"强动力"；另一方面，新乡贤以个人权威整合乡村社会关系，强化乡村内外联系，凝聚乡村共同体意识，实现强化乡村治理内生性基础的目的。

2. 加速重构乡村社会道德体系

乡村在经济体制改革和社会结构变革的冲击下，思想观念也面临巨变，乡村的传统文化和道德体系受到个人主义、消费主义、拜金主义等价值观的冲击而面临瓦解与重构。乡村传统的道德体系日渐式微，导致乡村集体感缺失、信任危机、道德沦丧等诸多问题出现，重塑村规民约、构建乡村道德体系成为乡村德治的关键。新乡贤作为传统优秀文化的继承者和现代道德的发扬者，参与乡村治理能够发挥道德的教化作用。一方面，以"言传"宣扬道德风尚，可以通过乡村好人榜、乡贤事迹、道德讲堂等方式宣扬道德文化；另一方面，以"身教"对村民进行道德感化，以自身良好的道德品质引领乡村形成良好的社会风气。总之，新乡贤在乡村治理中发挥了"德治"主体的作用，加速重塑乡村道德新秩序。

3. 弥补乡村治理体系的不足

随着乡村社会的快速变迁，乡村的经济基础、政治基础和社会基础发生了深刻的变革，不断转型的乡村治理体系面临着政府纵向治理能力不足和村民横向自治能力缺失问题。长期的"乡政村治"治理模式下，基层政府成为乡村治理的主体，基层政府与乡村成为指导与被指导的关系，但基层政府由于治理成本、效率、专业化程度等限制，单一主体难以解决乡村多元事务，致使政府纵向的治理能力不足。同时，村民参与乡村公共事务管理的要求和长期单一管控式治理模式的矛盾日益突出，乡村自治功能发育不全，导致横向上村民自治能力的缺失。因此，在乡村治理场域中，新乡贤进行政治嵌入并获得一定的话语权是弥补当前乡村治理体系不足的重要途径。一方面，新乡贤能够在村"两委"和村民之间构建沟通互信的桥梁，带动村民积极参与乡村公共事务，让村民在实践中觉醒主人翁意识并提高政治参与能力。另一方面，新乡贤具备较高的规则意识和政治能力，能够有效监督基层政府的运行，推动依法行政。

（三）新乡贤参与乡村治理的内在逻辑

新乡贤是在新时代背景下，有资财、有知识、有道德、有情怀，能影响农村政治经济社会生态并愿意为之做出贡献的贤能人士。在推进基层社会治理现代化的新时代，新乡贤参与乡村治理有其内在逻辑。

1. 历史借鉴：乡绅之治的社会传统

在"国权不下县"的基层政治制度下，我国传统社会实行的是"双轨制"运行模式，乡村社会的治理主要由族长、乡绅或地方名流掌握。乡绅尽管是处在国家权力尾端的自治主体，但他们始终是乡村社会建设、风习教化、乡里公共事务的主导力量，是上通下达的"传声筒"、公共事务的"带头羊"、文明教化的"领头雁"和矛盾化解的"安全阀"。从整个中国传统社会历史来看，乡绅之治是维系传统乡村社会秩序和推动乡村发展不可或缺的群体，传统社会的乡绅之治为当代新乡贤参与乡村治理提供了有益的历史经验。

2. 社会基础：依然存续的乡土社会

相对封闭的传统乡村往往以村落为边界，村民出生成长在村落中，相互信任、守望相助,村民们很容易对正在或曾经生活在本乡本土的乡贤产生亲近感、信任感,是典型的熟人社会。40多年的改革开放以来,村民依然重视甚至依赖血缘关系、姻亲关系和邻里关系,以乡贤为中心的心理认同仍然存在于广大农村地区,传统社会的总体架构并没完全坍塌,仍保有一定的熟人社会特征。村民自治制度正是基于农村地区传统"熟人社会"的特征而产生。因此,乡土社会的存续为新乡贤参与乡村治理提供了深厚的文化根基。

3. 精神支撑:难以割舍的家乡情怀

古往今来,以血缘、地缘为基础的乡土情怀在广大民众心中根深蒂固。尊宗敬祖的传统文化、光宗耀祖的传统心理、追根溯源的情感表达、安土重迁的乡土情结依然得到延续,特别是离开故土的新乡贤群体所具有的浓浓乡情乡恋,成为他们反哺桑梓、回馈乡亲的深厚心理基础。近年来,涌现出一大批新乡贤典范,把乡土情怀转为奉献家乡的行动。回馈家乡与实现个人价值具有内在耦合性,成为激发新乡贤参与乡村治理、助力乡村振兴的精神动力。

4. 现实需求:乡村治理的现实困境

改革开放后我国乡村建设取得了历史性成就,但长期施行的城乡二元结构体制以及近年来的城镇化发展,使当前乡村治理面临新的问题:一是乡土归依消退导致了内生动力不足,越来越多的村民对村落的认同感、归属感、依附感日渐消泯;二是市场经济冲击使乡村文化出现了异化,如功利主义、享乐主义等在乡村蔓延滋长;三是人才流失弱化了乡村治理的人才基础,乡村空心化、村干部队伍老龄化、年轻后备人才不足逐渐凸显。而近年来,浙江、广东、江苏等地开展新乡贤参与乡村治理的实践探索,积累了许多有益的经验。实践证明,当代新乡贤对推进乡村有效治理可以起到积极的辅助作用。

5. 政策支持:可供遵循的政策导向

近年来,"新乡贤"和"新乡贤文化"多次在中央及地方重要会议与文件中被提及,为新乡贤参与乡村治理提供了政策遵循。2015年至2018年连续四年从国家层面出台文件:《关于实施中华优秀传统文化传承发展工程的意见》《乡村振兴战略规划(2018—2022年)》,频频提出要培育或建设新乡贤文化、积极发挥新乡贤作用。同时,各地积极响应上级政策并出台了相应的配套文件,以浙江为例，省级政府部门陆续出台《全面实施乡村振兴战略高水平推进农业农村现代化行动计划（2018—2022年）》《关于实施"两进两回"行动的意见》《关于发挥新乡贤在助推乡村振兴战略中积极作用的指导意见》等文件，均为新乡贤参与乡村治理提供了有力的政策支持。

二、新乡贤参与乡村治理的制约因素

新乡贤群体能弥补乡村治理的不足，优化乡村治理结构，并在参与乡村治理实践中体现自身价值。然而，新乡贤参与乡村治理也存在不容忽视的现实困境，制约了新乡贤群体能量的发挥。

第一，新乡贤人才资源的精准利用不够充分。尽管目前各地根据行业、地域等类别分类编制新乡贤信息数据库，但很多新乡贤尤其是知名新乡贤的资源还处于"未激活"状态，真正参与到基层治理的还是以乡贤联谊组织班子成员为主。对新乡贤资源的全面掌握存在难点，如各有关部门之间信息共享还不够充分、畅通，各单位联络、联谊在外新乡贤时缺少总统筹，重复走访、重复对接的情况仍然存在。

第二，新乡贤联谊组织的作用发挥还不平衡。目前，各地乡贤参事会的活跃程度不平衡，部分乡贤参事会与社区"两委"的互动不紧密，"两委一会双参事"的基层治理模式还没有充分发挥作用。部分在外新乡贤对本地现行政策、基层情况缺乏了解，导致参与决策参谋、民主协商不接地气；下设各专项组团亦呈现冷热不均状况，部分村（社区）存在偏重企业家乡贤、干部乡贤而忽视文乡贤和德乡贤现象。

第三，激励新乡贤回归的政策环境亟须优化。不同部门针对不同类型的新乡贤人才群体制定不同的政策举措，相互之间缺少统筹、整合、协同，针对重点新乡贤出台的返乡激励政策措施有待增加、吸引力有待增强。部分惠贤政策如重点在外新乡贤家属就医绿色通道制度，在实际推行中宣传还不到位，服务举措还不够实。在精神激励方面，形式还比较单一，对优秀新乡贤的政治安排和荣誉安排还没有形成固定机制。

第四，新乡贤文化精神的挖掘弘扬有待深化。当前，对新乡贤群体、新乡贤工作的整体性研究以及新乡贤文化精神的研究不足，尤其是对本地先贤、近贤、新贤在不同阶段所反映出的文化精神总结提炼不够深入，唤醒"乡贤返乡意识"的作用不够明显。各地乡贤阵地仍存在利用率参差不齐、特色不够明显等问题。崇贤尚贤的舆论氛围还不够浓厚，对典型人物事迹和特色案例的高层次、立体化宣传还需加强。

第五，新乡贤工作品牌的对外影响尚显不足。唯有叫响富有地方特色的乡贤品牌，才能更好召唤广大新乡贤回归家乡、回报桑梓。但目前总体而言，新乡贤工作品牌还缺乏整体辨识度，缺少品牌形象和价值理念的统一输出，缺少像"世界'宁波帮·帮宁波'发展大会"这样的具有影响力的乡贤品牌活动；镇村层面，"一镇一品""一村一特色"辨识度还不够，可复制推广的新乡贤助力乡村治理的示范样本还较少。

三、新乡贤参与乡村治理的优化路径

充分利用并发挥新乡贤资源作用，需要积极构建从中央到地方的体制机制，着力营造乡村社会内外的良好环境，深入探索新乡贤参与乡村治理的长效机制，实现新乡贤有效参与乡村治理。

（一）坚持政治引领，为新乡贤助力乡村治理提供人才支撑

1. 夯实"乡贤+引领"思想基石

新乡贤是各行各业的精英翘楚，凝聚好新乡贤的思想政治共识，是有效发挥乡贤助力乡村振兴优势作用的首要基础。要坚持把党的领导贯穿新乡贤工作始终，提高新乡贤的政治把握能力，构建起领导力强、协同力强、凝聚力强的新乡贤工作体系。市级层面和乡镇层面应结合实际，开展符合新乡贤群体特征的主题教育活动，引导他们自我教育、自我提升、自我监督，不断凝聚同心奋进的思想共识。

2. 构建"乡贤+党建"工作模式

在强化基层党组织领导基础上，探索"双向进入、交叉任职"机制，由乡贤组织党员会长担任党组织书记，新乡贤党员在临时党组织中接受双重教育、承担

双重责任。注重在德才兼备的优秀新乡贤中发展中共党员，优先选拔进入村"两委"。吸纳更多新乡贤党员加入乡贤特色服务队，因地制宜地建立一批乡贤服务驿站。建立健全党组织监督约束机制，处理好村"两委"与新乡贤的主与辅、断与谋的关系。

3. 实施"乡贤+领雁"培养工程

着眼培养一支有情怀、有能力、有担当、有影响的新乡贤代表人士队伍，把新乡贤队伍培养纳入全市统一战线教育培训规划、农业农村人才队伍建设规划、中长期青年发展规划等，组织开展市新乡贤素质提升班、镇村新乡贤培训讲座、乡村振兴素质提升和实践锻炼等活动，提高新乡贤在助力发展、资政建言、乡村治理、民主协商等方面的能力水平，不断激发新乡贤的领雁效应。

（二）坚持内涵提升，为新乡贤助力乡村治理提供文化赋能

1. 实施新时代乡贤精神调研

成立"同心智库""乡贤研究室"等平台，深入对先贤、近贤、新贤的思想道德、家风家训、优良传统等乡贤文化进行全面研究。积极整合社科联、文联、档案馆（史志办）等部门单位资源，围绕传承和弘扬新时代乡贤精神主题，开展调查研究，重点对本区域历代名人乡贤、当代新乡贤的突出贡献和主要精神进行挖掘、总结、提炼，深入研究乡贤精神的历史文化渊源和乡贤精神在新时代的内涵与价值。

2. 开展新时代乡贤精神讨论

开辟新乡贤为主题的"大讲堂"，邀请市域内外知名新乡贤回乡开设讲座，推进乡贤文化进村社、进家庭、进校园等。发动各乡镇乡贤联谊会等开展"新时代乡贤精神"大讨论活动，通过开设"乡贤论坛""乡贤驻堂"等形式，举办新时代乡贤精神征文赛、学术研讨会等活动，共同探讨新时代乡贤精神的精神实质和传承路径。

3. 推进新时代乡贤精神传承

开展乡贤题材文学作品创作，通过编撰地方历代乡贤图文册、名人（乡贤）

传记、本地乡贤故事汇等，不断推进乡贤文化的传承与发展。鼓励新乡贤以资助、捐赠等形式，参与乡村公共场所的建设，开展艺术创作、送文化下乡等活动。鼓励各地积极拍摄"寻找乡贤"专题片、开辟"新乡贤话发展"媒体专栏等，大力弘扬乡贤精神，营造知乡贤、举乡贤的浓厚氛围。

(三) 坚持双向服务，为新乡贤助力乡村治理提供政策激励

1. 开展高端新乡贤回归活动

充实更新在外新乡贤人才数据库，开展高层次在外新乡贤拜访活动，邀请新乡贤回家乡考察。树立常态化访贤问贤、精准化惠贤爱贤、立体化育贤举贤的工作导向，激发新乡贤回归家乡、回报桑梓的家国情怀。抓住地方高层次、专题性重大会议及活动契机，充分发挥基层民主这一全过程人民民主的吸纳能力，联动各有关部门、乡镇、乡贤联谊组织等开展一系列乡贤回归活动，不断推动智力回乡、资金回流、项目回归、信息回传，助力双招双引和高质量发展。

2. 优化新乡贤回归激励政策

探索完善服务新乡贤项目回归闭环机制。建立新乡贤回归投资重大项目库，出台激励新乡贤回归的各类政策措施。帮助回归新乡贤依法依规解决社保、医疗、教育等需求，解决海外回归新乡贤签证、居留等相关问题。要加大新乡贤典型选树和宣传，形成颂乡贤、敬乡贤、学乡贤的良好社会氛围。对作用发挥明显、回归发展成效显著的新乡贤，给予一定的荣誉激励。

3. 改善新乡贤回归乡村的环境

筑巢才能引凤。新乡贤作为成功人士、精英人士，对生活工作环境有较高要求。要把握新时代特点，打造生态宜居的诗画乡村、乡风文明的人文乡村、新型服务的休闲乡村，让乡村成为新乡贤落叶归根的理想归宿，更成为新乡贤抢抓乡村振兴战略发展机遇的广阔的热土。

(四) 坚持规范运行，为新乡贤助力乡村治理提供制度保障

1. 健全新乡贤工作机制

健全新乡贤人才共享机制，各有关单位定期协同开展新乡贤资源摸排工作，

动态掌握并分级分类建好新乡贤人才库、名人及后裔信息库、"未来新贤"培育库等，并加强信息资源共享。健全新乡贤常态联络机制，落实党政领导结对联系新乡贤的有关制度，每年举办乡情恳谈会、中秋联谊会等，听取意见、建议。优化新乡贤组织运行机制，编制会员动态管理、内部管理、乡贤参与民主决策、捐赠资金管理等重点工作制度，深化"一镇一品双清单""两委一会双参事"等特色工作模式建设。

2. 创设新乡贤平台载体

在国内异地商会、市外双招双引驻点等机构设立"乡情驿站"，组织开展如长三角商会家乡行、在外名医回乡义诊、在外专家学者回乡讲学指导等情系桑梓系列活动。因地制宜地打造"乡贤馆""乡贤墙""乡贤长廊""乡贤广场""乡贤工作室"等多样化、有形化阵地，培育打造一批新乡贤示范基地。建好"云端乡贤之家"，依托线上平台进一步凝聚乡情。

3. 培育新乡贤治理品牌

实施新乡贤品牌塑造工程，统一品牌形象，提炼价值内涵，形成一批品牌项目和工作案例。举办新乡贤助推乡村振兴特色案例展示大赛，推动各乡镇、村（社区）深化品牌建设。完善品牌培育机制，以市委统一战线工作领导小组为统领，发挥市新乡贤工作联席会议作用，有效构建"市委领导、统战牵头、部门协同、镇街主抓、村社参与"的新乡贤工作格局；各乡镇新乡贤工作应明确由党委书记亲自抓、党群副书记牵头抓、统战委员具体抓、各条线协同抓，以品牌带动社会影响和实效。

综合而言，新乡贤参与乡村治理是对中国古代先贤治理经验的传承与创新，是新乡贤以其非体制型权威嵌入乡村、辅助其他治理主体共同参与乡村治理的行为。新乡贤群体发挥自身特长积极参与乡村治理，是一种既让基层群众接受，又为社会认可的内生性治理模式，有利于纾解乡村治理困境。在引导和支持广大新乡贤积极参与乡村治理中，既要探索符合本地新乡贤资源和乡村具体实际状况，不盲目搞"一刀切"，也要有效防止目标短期化、人情工具化、制度形式化以及资源投入资本化。坚持在党组织的领导下，以可持续发展理念推动，实现新乡贤参与乡村治理的规范化、常态化、长效化。

参考文献

[1] 白玉荣,厉尽国. 乡村振兴战略背景下乡村治理"三治"融合发展研究[J]. 山东农业工程学院学报,2023,40(7):13~18.

[2] 蔡明丹. 驻村第一书记:乡村精英参与乡村治理优化策略[J]. 农村经济与科技,2022,33(11):111~114.

[3] 韩克庆. 社会质量理论:一个研究综述[J]. 东吴学术,2010(1):97~103.

[4] 郝兴娥. 乡村振兴战略引领下的乡村治理之路[M]. 北京:九州出版社,2021.

[5] 洪霓,于冷. 新型农业经营主体参与乡村治理:发生机制、历史逻辑与提升路径[J]. 农业经济问题,2023(12):60~71.

[6] 李强彬. 乡村"能人"变迁视角下的村社治理[J]. 经济体制改革,2006(5):90.

[7] 李涛. 论新时代"三治融合"乡村治理体系的构建[J]. 社科纵横,2020,35(5):69~72.

[8] 梁惟. 乡村治理数字化转型的创新逻辑与取向[J]. 农业经济,2023(7):52~54.

[9] 刘刚. 乡村治理现代化:理论与实践[M]. 北京:经济管理出版社,2020.

[10] 马克思恩格斯全集(第26卷)[M]. 北京:人民出版社,2014.

[11] 马克思恩格斯选集(第1卷)[M]. 北京:人民出版社,2012.

[12] 马克思恩格斯选集(第2卷)[M]. 北京:人民出版社,2012.

[13] 马文祥,江源. 新时代中国社会治理理论的三重逻辑:思想、理论、现实[J]. 石河子大学学报(哲学社会科学版),2022,36(1):6~11.

[14] 马乂琳,潘明辉. 新时代实施乡村振兴战略的路径思考[J]. 当代农村财经,2021(3):2~8.

[15] 彭娟娟. 乡村振兴战略的科学内涵及实施路径[J]. 乡村科技,2020,11

（30）：45~46.

[16] 祁红亭. 新乡贤参与乡村治理的内在逻辑、现实挑战与推进策略[J]. 职业技术，2023，22（12）：103~108.

[17] 盛明科，蔡振华. 智治：构建数字乡村治理新体系[M]. 湘潭：湘潭大学出版社，2022.

[18] 施玉莹. 新时代构建"三治融合"乡村治理体系研究[D]. 哈尔滨：东北农业大学，2020.

[19] 谭海燕. 日本农村振兴运动对我国新农村建设的启示[J]. 安徽农业大学学报，2014（5）：25~28+92.

[20] 田芝健，杨建春，吉启卫. 新时代乡村振兴的理论与实践[M]. 苏州：苏州大学出版社，2021.

[21] 万文根. 乡村振兴战略的提出和重点解读[J]. 江西农业，2018（21）：14~15.

[22] 王沪宁. 中国：社会质量与新政治秩序[J]. 社会科学，1989（6）：20~25.

[23] 王嘉蕾. 新乡贤参与乡村治理的价值、困境与路径[J]. 智慧农业导刊，2024，4（1）：99~102.

[24] 王桀，李桃. "三治融合"视域下乡村治理的困境及对策研究[J]. 智慧农业导刊，2023，3（13）：100~103.

[25] 王茜. 新时代"三治融合"乡村治理体系：内在逻辑、现实诉求与实现路径[D]. 大连：东北财经大学，2020.

[26] 王月荣，张秀珍. 美国2014年新农业法案的特点、影响及其启示[J]. 世界农业，2014（7）：67~69+99.

[27] 文丽红. 乡村振兴战略背景下"三治融合"乡村治理体系研究[J]. 经济师，2022（12）：29~30+33.

[28] 吴爽，李哲. 多元主体协同参与乡村数字治理的路径探索[J]. 山西农业大学学报（社会科学版），2023，22（6）：98~105+11.

[29] 吴玉转. 乡村振兴战略的创新及时代价值研究[D]. 广州：华南理工大学，

2020.

[30] 习近平. 决胜全面建成小康社会夺取新时代中国特色社会主义伟大胜利 在中国共产党第十九次全国代表大会上的报告 [M]. 北京：人民出版社，2017.

[31] 习近平. 习近平谈治国理政（第三卷）[M]. 北京：外文出版社，2020.

[32] 谢高地，甄霖，鲁春霞等. 一个基于专家知识的生态系统服务价值化方法 [J]. 自然资源学报，2008（5）：911~919.

[33] 徐朝卫. 新时代乡村治理与乡村产业发展的逻辑关系研究 [J]. 理论学刊，2020（3）：85~92.

[34] 杨兴乾，杨子平. 韩国振兴农村的历史及对我国的启示 [J]. 西北师大学报，2008（11）：144~148.

[35] 杨义堂，陈力，于宏文. 新乡贤归来 [M]. 济南：山东人民出版社，2018.

[36] 阴映月. 乡村振兴战略提出的背景及意义探讨 [J]. 现代化农业，2018（4）：36~38.

[37] 尹铁燕. 新时代乡村数字治理的内涵拓展及实践路径 [J]. 乡村论丛，2023（5）：60~69.

[38] 俞可平. 治理善治 [M]. 北京：社会科学出版社，2002.

[39] 张鸿，袁涓文. 村治中乡村精英的作用及面临的困境研究 [J]. 农业经济，2021（10）：67~69.

[40] 张明皓. 新时代"三治融合"乡村治理体系的理论逻辑与实践机制 [J]. 西北农林科技大学学报（社会科学版），2019，19（5）：17~24.

[41] 章浩，李国梁，刘莹. 新时期乡村治理的路径研究 [M]. 北京：首都经济贸易大学出版社，2021.

[42] 赵丽，周礼勇，张晋豪. 新型农业经营主体参与乡村治理研究 [J]. 当代农村财经，2023（8）：51~55.

[43] 赵先超，周跃云. 乡村治理与乡村建设 [M]. 北京：中国建材工业出版社，2019：8~9.

[44] 郑中华. 基层党组织建设的政治逻辑 [J]. 人民论坛，2018（24）：92.

[45] 钟钰. 实施乡村振兴战略的科学内涵与实现路径 [J]. 新疆师范大学学报（哲学社会科学版），2018，39（5）：71~76+2.

[46] 朱德米，曹帅. 公共价值理论：追寻公共管理理论与实践的同一性 [J]. 中共福建省委党校（福建行政学院）学报，2020（4）：12.

[47] 朱潇雅. 乡村"三治融合"治理困境与治理机制研究 [D]. 大连：辽宁师范大学，2022.